中国名村志文化工程
Culture Project of Local Records of China's Famous Villages
中 国 名 村 志 丛 书



# 双凤村志

LOCAL RECORDS OF SHUANGFENG

湖南省永顺县灵溪镇双凤村志编纂委员会 编

方志出版社
Publishing House of Local Records

**图书在版编目（CIP）数据**

双凤村志 / 湖南省永顺县灵溪镇双凤村志编纂委员会编 . —北京 : 方志出版社 , 2022.9
（中国名村志丛书）
ISBN 978-7-5144-5221-1

Ⅰ.①双… Ⅱ.①湖… Ⅲ.①村史—永顺县 Ⅳ.①K296.45

中国版本图书馆 CIP 数据核字（2022）第 057066 号

责任编辑：丛珺
责任校对：刘玉霞
责任印制：赵楚
出 版 者：方志出版社
地　　址：北京市朝阳区潘家园东里 9 号（国家方志馆 4 层）
邮　　编：100021
网　　址：http://www.zgfzcb.cn
发　　行：方志出版社图书营销中心（010-67110500）
印　　刷：北京中科印刷有限公司
开　　本：787 毫米 ×1092 毫米　1/16
印　　张：16
字　　数：314 千字
版　　次：2022 年 9 月第 1 版
印　　次：2022 年 9 月第 1 次印刷
定　　价：129.00 元

# ◉ 序一

中共十九大报告明确提出："坚定文化自信，推动社会主义文化繁荣兴盛。""没有高度的文化自信，没有文化的繁荣兴盛，就没有中华民族伟大复兴。要坚持中国特色社会主义文化发展道路，激发全民族文化创新创造活力，建设社会主义文化强国。"编修地方志是中华民族千百年来的固有传统，留下了浩如烟海的历史文献，承担着传承中华文明、发掘历史智慧的重任，发挥着存史、育人、资政的作用。

在习近平新时代中国特色社会主义思想指引下，在增强文化自信、推动传统文化创造性转化、创新性发展背景下，全国地方志事业迎来了开拓创新与转型升级的重要机遇期。中国地方志指导小组及其办公室组织实施的中国名村志文化工程，用中国独有的文化载体——地方志，来记录乡村的"名"和"特"，记录乡村全面建成小康社会的进程和取得的成就，是地方志围绕以人民为中心开拓创新的具体举措，是传承乡土文化、坚定文化自信、加快建设社会主义文化强国的内在要求，是服务乡村振兴战略、加快全面建成小康社会、推进社会主义现代化建设、实现中华民族伟大复兴中国梦的应有之义。

实施中国名村志文化工程，是方志人贯彻落实习近平总书记"农村要留得住绿水青山，系得住乡愁"重要讲话精神的重要举措。"望得见山、看得见水、记得住乡愁……"习近平总书记用诗意的语言为中国的新农村建设指明了方向。开展新农村建设、美丽乡村建设，一定要把绿水青山保留下来，尽可能在原有村庄形态上改善农民生活条件，不盲目拆旧，也不盲目造新，让家乡的每一条河、每一棵树、每一口井，都能永远成为我们的乡愁。这是我们弘扬传统、面向未来的底气所在。那么，如何留住乡音、乡风、乡思，继承传统文化菁华，挖掘历史智慧，成为极其重要的工作。实施中国名村志文化工程，保护抢救、传承保存、开发利用宝贵的村落文化，重新唤起人们记忆中古老村落的青山绿水、小河大树、轶事掌故，打造完整记录乡村发展嬗变和现代化农村经济社会运行模式的系列中国名村志丛书，让乡土文化回归并为困惑的当代人提供精神家园，让农耕文化的优秀菁华成为建构农村文明的底色，无疑具有重要的现实意义和深远的历史意义。

实施中国名村志文化工程，是方志人贯彻落实党中央乡村振兴战略的鲜活实践。中共十八大以来，以习近平同志为核心的党中央高度重视农业、农村、农民工作，提出了许多新理念、新思想、新战略，特别是中共十九大报告作出实施乡村振兴战略的重大部署。2018 年 9 月 26 日，中共中央、国务院印发《乡村振兴战略规划（2018—2022 年）》，明确提出“鼓励乡村史志修编”。深入推进中国名村志文化工程，有利于全面翔实记录乡村振兴进程，客观记载地理环境、历史沿革、姓氏源流、人口、民族、方言、民居、宗祠、风俗习惯、家谱族谱、家规族规、宗教信仰、文物遗址、掌故传说、历史事件、人物等，完整保留乡土文化的原貌。所有这些工作，可以为延伸地方志工作触角，充分发挥志书存史、育人、资政功能提供借鉴；可以为社会各界和华人华侨、港澳台同胞寻根问祖、反哺桑梓、泽被乡里提供帮助。依托中国名村志文化工程的重要平台与载体，乡村振兴战略下的现代乡村将进一步挖掘自身独特内涵，彰显其新时代的作用及意义。

中国名村志文化工程从新时代中国特色社会主义的新需求出发，创新体例，立足实际，内容既严谨又通俗，展示了不同地区自然和社会风貌，在坚持志体基础上运用专题报告、回忆录、人物访谈、新闻资料等多种手法，重点介绍农村地区在转型发展方面的探索、示范、引领意义，对于不断提高地方志事业围绕中心服务大局的能力，为乡村改革发展贡献历史智慧，讲好中国故事，彰显中国软实力，增强“四个自信”等方面具有积极意义。

两年来，在借鉴中国名镇志丛书及各地乡镇（村）志宝贵编纂经验的基础上，中国名村志丛书编修不断取得丰硕成果，产生了良好的社会效益，新一批中国名村志的申报数量、覆盖范围延续强劲增长态势，充分体现出强大的内生动力。下一步，要总结经验、把握规律，为服务国家城镇化建设和乡村振兴战略打造更多优秀文明成果，推动中华优秀传统文化创造性转化和创新性发展，从中提炼出适合新时代、新形势、新变化、新要求的文化精髓，展现中国方志的当代价值和世界意义。

是为序。

中国社会科学院原院长<br>中国地方志指导小组原组长　　谢伏瞻

# ◉序二

连绵不断地编修地方志是中国独有的优秀文化传统，承担着赓续文明、传承文化的重任。保存至今的8000余种、10万余卷历代方志，蕴含着传统文化基因和海量文化信息，既是中华优秀传统文化的重要组成部分，又是传承、彰显中华优秀传统文化的重要载体。

在各种类型的地方志编纂中，村志编纂古已有之，但从未进入国家层面的地方志编纂序列。新中国成立以来，党中央、国务院高度重视包括村志编纂在内的地方志工作，出台了重要文件。中央领导发表了重要讲话、作出了重要批示。习近平总书记高度重视包括村志编纂在内的地方志工作。2004年10月，他在担任浙江省委书记时到江山市凤林镇白沙村考察，看到村民编纂的《白沙村志》，鼓励村民把村志继续编纂下去。2014年4月，副总理刘延东在与第五次全国地方志工作会议部分会议代表座谈时指出："要结合发展的新形势，加强对地方志包括部门志、行业志、专题志、乡镇村志编纂的业务指导和服务。"2015年8月，国务院办公厅印发的《全国地方志事业发展规划纲要（2015—2020年）》，正式将中国名村志文化工程列为主要任务之一。2017年5月，中共中央办公厅、国务院办公厅印发的《国家"十三五"时期文化发展改革规划纲要》指出："完成省、市、县三级地方志书出版工作。开展旧志整理和部分有条件的镇志、村志编纂。"可以说，村志编纂迎来了历史上的最好时期。

农业、农村、农民"三农"问题，是数千年来影响中国社会发展最核心的问题。中共中央高度重视"三农"工作，从2004年起，连续13年，每年的中央1号文件都聚焦"三农"。中共十九大报告更是提出"农业农村农民问题是关系国计民生的根本性问题，必须始终把解决好'三农'问题作为全党工作重中之重"，特别是提出了"乡村振兴战略"，这是中国共产党在中国特色社会主义进入新时代后，对农村发展问题所做出的准确把握和与时俱进的战略应对，是建设中国特色社会主义强国战略的重要组成部分。改革开放近40年来，在党中央、国务院高度重视社会主义新农村建设的新形势下，各地涌现出一大批历史文化名村、经济强村、新农村建设示范（试点）村、美丽乡村和特色村，成为先进生产力和先进文化的代表。客观记录中国农村全面建成小康社会的进程，向后人展示在中国共产党领导下农村千年未有的巨变，是地方志工作者肩负的光荣而重大的历史使命。编纂中国名村志丛书，是记载当代中国农村发展变革的重要途径。

文化寻根，寻的是其发展的源头和根基。村落是中国传统文化的根基所在。农村的生产生活方式、社会规范、宗族文化、宗教文化、民风习俗、传统节日、民间艺术等，无不镌刻着中国人独特的民族性格，这就是家国情怀、文脉绵延、精神归属。在快速城镇化进程的冲击和开发性破坏下，大量传统村落面临消亡的危机，村落蕴含的历史文化信息也流失殆尽，抢救性保护刻不容缓。编纂中国名村志丛书，是保存村落历史文化信息，抢救、保护村落文化最好的方式。

一方水土养一方人。家乡的山水草木、村间小巷、乡俗民情会在每个人心头留下深刻的烙印，这就是故土情结。而村落的形成与发展离不开人的活动。编纂中国名村志丛书，通过记述村落建筑、名门望族来追溯村落的历史；通过记述村落规模、布局、人口、物产等反映人口来源、宗族兴衰、生活习惯、文化背景、宗教信仰、经济发展等，体现环境与人相互影响、相互作用、相互发展的既矛盾又统一的关系；通过记述戏剧、音乐、舞蹈、美术、文学、手工技艺等文化形式，展示百姓在长期的生产生活实践中摸索和总结出的智慧结晶，强化人们沟通感情的纽带。编纂中国名村志丛书，是传承乡俗、诉说乡音、记住乡愁、纾解乡思，激活历史传统、唤起共同文化记忆、塑造共同心灵认同的重要文化工程。

中国名村志文化工程以践行文化自信、传承中华文脉、彰显时代发展为己任，以打造全国地方志系统的重要品牌为目标，在体裁运用、篇目设置、资料选择等方面进行大量的创新，突出"名"和"特"，拣选各个名村中最值得记述、最具有代表性的人、事、物，予以浓墨重彩的描画，从而形成系列的、高质量的、可读性强、雅俗共赏的地方志读本，让地方志紧接地气、贴近百姓，让地方志成果进入寻常百姓家，让人民群众共享地方志成果，让越来越多的人从地方志中感知传统、历史和记忆，成为传统村落和传统文化的守护者，成为中华优秀文化的传承者。

是为序。

中国社会科学院原院长
中国地方志指导小组原组长 王伟光

# 序三

习近平总书记指出："让居民望得见山、看得见水、记得住乡愁。"这句富有诗意的重要论述不仅唤醒了中国人城镇化建设过程中对于人和自然关系、人和历史关系的思考，同时也引发了学界对"乡愁"进一步进行文化意义解读的兴趣。从本质上看，乡愁是一种源自主体体验的情感，隐含了一种人们带着乡愁追寻自我生存与生命意义、追寻诗意栖居的精神家园的美学思辨。同时，这种追寻自我生存的主体逐渐转向大众群体，乡愁也由传统单一的"文化乡愁""爱国情怀"演变为对于"理想家园"的精神追求。

中国有近60万个村庄，约有5000个古村落，被住房和城乡建设部、国家文物局界定的传统村落就有1561个。随着中国城镇化步伐的加快，乡村的版图日渐凋敝，大批农村青壮年劳动力走进城镇，融入了新的生活。然而，每逢传统佳节，那种挥之不去的离愁别绪挟裹着亿万农民工，又融入了返乡的滚滚洪流。这是乡愁的情愫牵动着他们，是故乡的山、故乡的水、故乡的老屋、故乡的小吃在牵动着他们，是故乡家家户户的楹联和口口相传的故事，以及只有在隆重的传统佳节才有的古老的民风习俗在牵动着他们。

文化可以体现一个民族、一个国家、一个社会的重量与体温，这是文化的力量之所在，而村落是传统中国的根脉所系，乡土社会是最能够体现中国传统文化特征的地方。梁漱溟曾指出："中国文化是以乡村为本，以乡村为重，所以中国文化的根就是乡村。"我曾在《建设社会主义新农村的理论与实践》一书中指出，在新农村建设的过程中，必须"保护和发展有地方和民族特色的优秀传统文化，创新农村文化生活的载体和手段，满足农民群众多层次、多方面的精神文化需求"，而编纂村志尤其是实施中国名村志文化工程就是一个重要举措。实施中国名村志文化工程，编纂中国名村志丛书，以最基层的村落为研究对象，寻根传统村落的历史，梳理村落的发展脉络，以唤起人们的归属感和认同感，探索新型城镇化和社会主义新农村建设过程中，如何留住乡音、乡风、乡思，继承传统文化菁华，挖掘丰富历史智慧，是贯彻落实中央城镇化工作会议精神和中共十九大提出的"乡村振兴战略"的重要举措，是当前和今后一个时期全国地方志工作者的重要工作。

虽然村落文化正在日益远离当下生活，但我们可以抓住诸如基本村情、文物胜迹、古村保护、特色文化、旅游名胜、村域经济、风土民情、村民生活、新农村建设、艺文杂记、名人与名村等关键内容，通过志书的手法来诠释乡村文化的精华。我们如实记录着村落里的人和事，以及青山绿水、小河大树、袅袅炊烟，力争以最完整、最原真的方式呈现村落的前世今生。我们要为"迷失"的人留住乡村文化的根脉，让人们难以割舍的乡愁得以慰藉和释放。

中国名村志文化工程将触角伸向那些极具代表性的村落，它们有的历史悠久、名人辈出，有的经济腾飞、重获新生，有的风景秀丽、景观独特，有的地处边陲、神秘莫测……我们挖掘中国不同类型村落的发展之路，为探索新型城镇化和社会主义新农村建设的发展经验、发展模式、前进道路提供历史智慧和现实借鉴。因此，打造以重在表现乡村嬗变为主旨的中国名村志丛书十分必要和迫切，这是一项功在当代、利在千秋的文化工程。

近年来，随着中国经济社会的发展和国际地位的提高，越来越多的人想要认识中国、了解中国、研究中国。在这样的形势下，乡村是不可或缺的一环，我们要集中讲好发生在乡村的故事，向世界呈现一个多元的、立体的中国。乡村历经岁月变迁的风雨，见证着改革开放的步伐，寄托着数代中国人的情感。发生在乡村的故事无疑是血肉丰满的、震撼人心的、引起共鸣的。我们应该有这个自信能够讲好乡村故事，讲好中国故事，描绘出中国的底色，"让每一个中国人都能在地方志中找到自己的位置"。

可喜的是，越来越多的有识之士认识到了这一点，加入到保护、传承、发展村落文化的队伍中来。仅就编纂中国名村志丛书来看，第一批的申报范围就涵盖包括香港特别行政区在内的32个地区，申报数量高达70余部。"直笔著信史，彰善引风气，为当代提供资政辅治之参考，为后世留下堪存堪鉴之记述"，这是我们的初心和使命。希望中国名村志文化工程的实施，能够带动更多的人关注中国乡村文化，为社会主义文化强国建设作出更大的贡献。也希望越来越多的名村都来融入继承中华文化传统、颂扬中华传统文化的活动中，让正能量更多地润泽温暖人们的心灵，让更多的人"记得住乡愁"！

是为序。

中国社会科学院原副院长
中国地方志指导小组原常务副组长 李培林

## ◉中国名村志丛书编纂委员会



## ◉中国名村志丛书编纂委员会办公室

## 湖南省永顺县灵溪镇双凤村志编纂委员会

主　　任　彭　涛　张艳阳

副 主 任　彭　君　王祝明

委　　员　蒲忠胜　张世武　周代红　覃　熙　肖葆春

王经淼　肖义岁　张长青　朱大洲　彭延杰

龚长双　欧阳雨　彭振文（镇）　田义龙　彭振文（村）

严水花　彭黎明

学术顾问　王　晖

## 湖南省永顺县灵溪镇双凤村志编辑部

主　　编　蒲忠胜　覃　熙

副 主 编　周万全

编　　辑　张永红　彭治顺　田义蛟

## 湖南省永顺县灵溪镇双凤村志审稿人员

初　　审　彭振文（镇）

复　　审　李雄野　黎楚云

终　　审　邓建平　隆清华　李章进

# ◉ 中国名村志丛书凡例

一、以马克思列宁主义、毛泽东思想、邓小平理论、“三个代表”重要思想、科学发展观、习近平新时代中国特色社会主义思想为指导，坚持辩证唯物主义和历史唯物主义的立场、观点和方法，存真求实，全面、客观、系统记述中国名村村落发展变化进程和改革开放成果，反映小康社会建设过程，传承和抢救乡土历史文化，激发爱国爱乡情怀，留住乡愁，为服务乡村振兴战略提供历史智慧和现实借鉴。

二、为全面反映入志事物发展脉络，各志上限尽量追溯至事物发端，下限一般断至各志启动编修年份，个别重大事项可延至搁笔。详今明古，着重反映时代特色和地方特点，重点体现各村的“名”与“特”。

三、记述地域范围以下限年份的行政辖区为主。为体现名村在更大区域内的意义，可以从更开阔的区域视野记述与该村相关的内容。

四、统一采用纲目体，设类目、分目、条目三个层次。横排门类，纵述史实，述而不论。

五、综合运用述、记、志、传、图、表、录等体裁，以志体为主。体裁运用适当创新，篇目设置不求面面俱到。

六、除引用文字和附录文献资料外，统一使用规范的现代语体文记述，文字朴实、严谨、简洁、流畅、优美，可读性强。

七、人物部类遵循“生不立传”原则，人物传主按生年排序，只选录对本村发展有重大影响的人物，不面面俱到。

八、各项数据一般采用国家统计部门数据。数据缺乏的，采用主管部门或主办单位正式提供的数据。

九、数字用法、标点符号用法分别采用国家标准《出版物上数字用法》（GB/T 15835—2011）、《标点符号用法》（GB/T 15834—2011），计量单位采用国家技术监督局1993年12月发布的《量和单位》系列国家标准。历史上使用的计量单位，如斗、石、里、尺、磅、华氏度等，在引文时可照录。考虑到社会使用习惯，全书中亩不统一换算。

十、中华民国成立前的纪年，使用朝代年号纪年，括注公元年份；中华民国成立后的纪年，均使用公元纪年。志中所称“解放前（后）”，以该村解放日为界；“新中国成立前（后）”，以中华人民共和国成立日1949年10月1日为界；“改革开放前（后）”，以1978年12月中共十一届三中全会召开为界。本志“××年代”，凡未加世纪者，均指20世纪。

十一、为节省篇幅，避免重复，本志采用条目互见法。参见条目的表示形式为：参见本志“××类目·××分目·××条目”。

十二、对旧志、古籍中的繁体字、冷僻字一般用简化字或通用字替换，易引起误解的则保留。

十三、记述各个历史时期的党派、机构、职务、地名等，均以当时的名称为准。对频繁使用的名称，首次用全称并括注简称，其后用简称。

十四、各村志需要单独说明的事项，均在各自编后记中记述。

# 双凤村在中国的位置

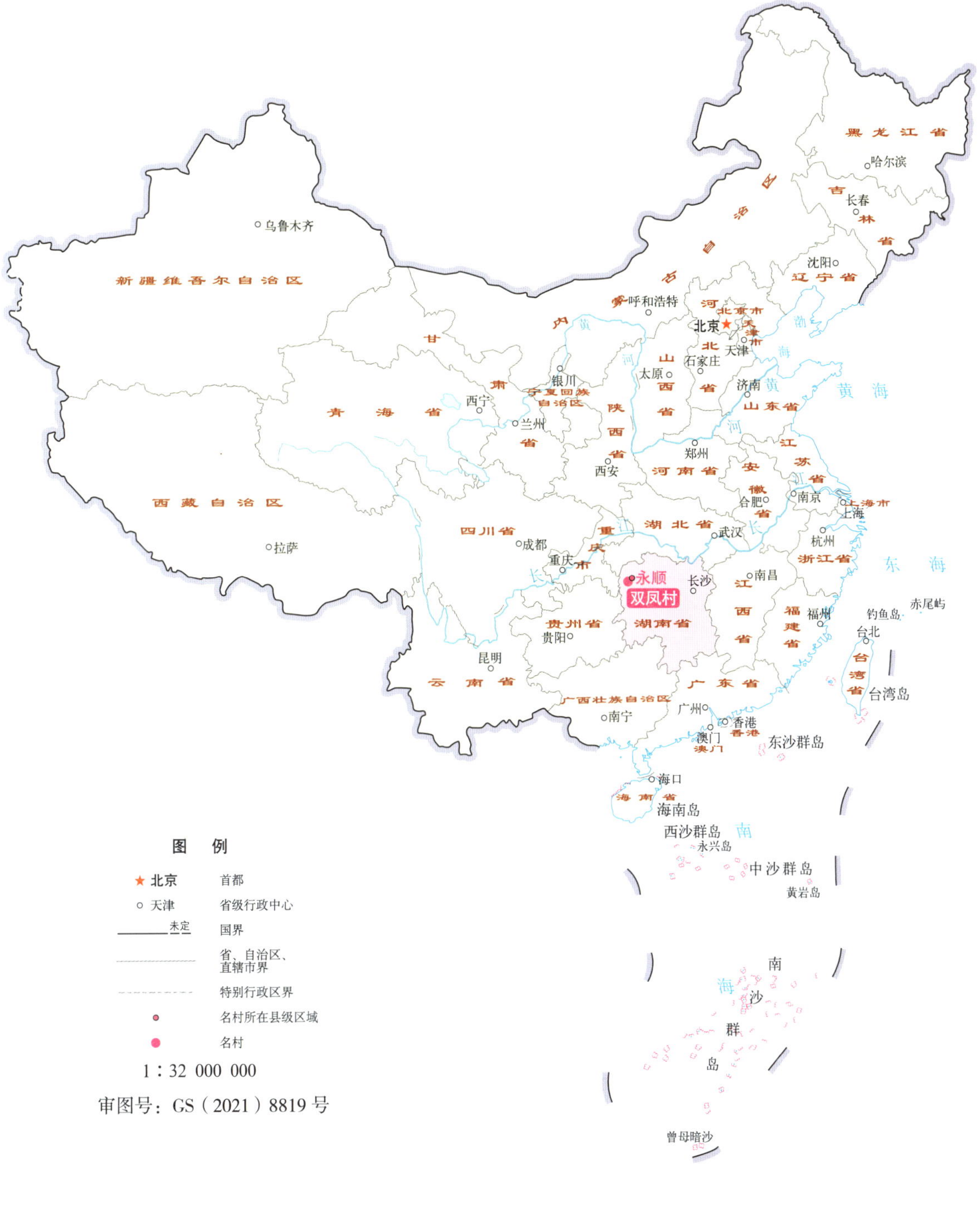


审图号：GS（2021）8819 号

# 双凤村在湖南省的位置

1：3 590 000

审图号：GS（2021）8819 号

# 双凤村平面示意图

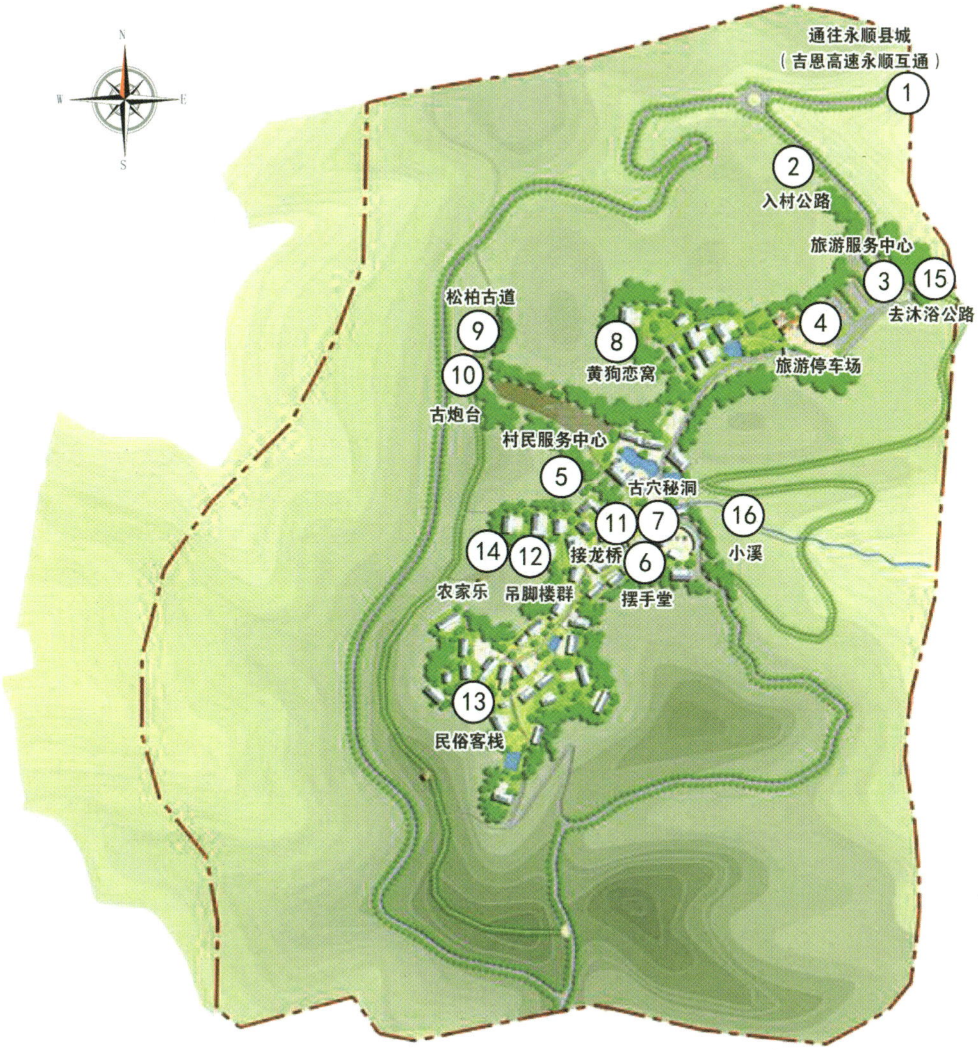

N
W
E
S
通往永顺县城
（吉思高速永顺互通）
1
2
入村公路
旅游服务中心
3
15
去沐浴公路
4
旅游停车场
松柏古道
9
8
黄狗恋窝
10
古炮台
村民服务中心
5
古六秘洞
11
7
16
小溪
14
12
接龙桥
6
农家乐
吊脚楼群
摆手堂
13
民俗客栈


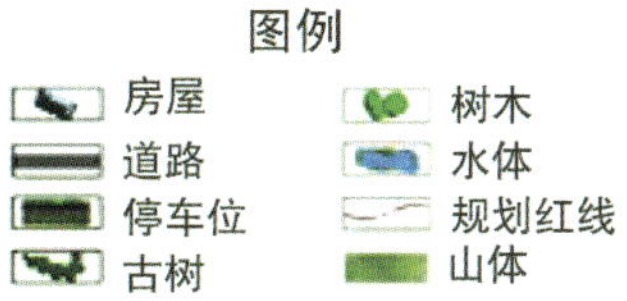

图例
房屋
树木
道路
水体
停车位
规划红线
古树
山体

双凤村远景（2021 年）

徐浩　摄

转角楼（2021 年）　　刘克兴　摄

吊脚楼上酒旗风（2021 年）　　刘克兴　摄

石板天路（2021 年）　　彭治顺　摄

遍地落叶满地黄（2021 年）　　刘克兴　摄

中央电视台到双凤村拍摄《中国影像方志·湖南永顺篇》( 2019 年 )　　向飞卿　摄

摆手堂前学织锦 ( 2017 年 )　　向金霞　摄

土家族摆手舞（2016 年）　　卢瑞生　摄

土家族打溜子（2005 年）　　卢瑞生　摄

中央电视台到双凤村拍摄土家族哭嫁歌（2013 年） 卢瑞生 摄

土家族毛古斯舞（2017 年） 姚琼 摄

土家族（音乐舞蹈）艺术
田野调查基地
吉首大学音乐舞蹈学院
湖南省全国重点文物保护单位和省级文物保护单位集中成片传统村落
文化遗产整体保护利用示范村
双凤村
湖南省文化厅　湖南省文物局
二〇一四年六月
湖南省乡村旅游区(点)
湖南省乡村旅游区(点)星级评定委员会
湖南省经典文化村镇
双凤村
湖南省文化厅
二〇一七年六月
中国少数民族特色村寨
国家民委
二零一四年九月

双凤村荣誉牌　　彭治顺　摄

擺手堂

# ◉ 目录

# 双凤朝阳　土家古寨

双凤土家族村民历经一百余代，唐代正式形成村落，至今完整保留着土家族民风民俗，是中国土家族上千年历史文化的再现和缩影。遗存的土家族语言、土家族习俗、土家族歌舞、土家族服饰、土家族建筑等珍贵史料，为确定土家族为单一民族提供了重要实证。

双凤村是中国土家族村寨的经典型和土家族文化完美传承的功勋区，保留有完整的民族歌舞和习俗，是毛古斯舞、摆手舞的发祥地之一。国家级非物质文化遗产土家族毛古斯舞、摆手舞、打溜子、哭嫁歌在村内代代相传、连绵不断。土家族古寨遗存有摆手堂、接龙桥、转角楼群、古穴秘洞、寨墙炮台、松柏古道等 16 处。

双凤村环境优美、林木葱茏、乡风古朴、民俗奇特、民间艺术丰富多彩，在 21 世纪，先后被授予“中国传统村落”“中国少数民族特色村寨”“中国历史文化名村”等称号。

双凤村退耕还林基地（2021 年） 彭治顺 摄

双凤村隶属湖南省永顺县灵溪镇，位于永顺县西南部的九龙山之巅，距县城 15 千米，距吉恩高速永顺互通 3 千米。2018 年，总面积 4.27 平方千米（6405 亩），其中耕地面积 186 亩，全村 93 户 287 人。鸟瞰双凤全境状若双凤叠翅，百鸟起舞，翱翔于老司城西南水滨之上。从空中俯视居住地，恰如土家山寨的“土”字，这是与“土家第一村”的巧合，更是先辈们的巧夺天工，人与自然的完美结合。山冈周边沟壑陡峭，群山植被良好，立于村落地势高处眺望，呈现出郁郁葱葱，重峦叠嶂的自然风光。

双凤村土家语为“双且”，“且”意为“山坡”，即“坐落在两个山坡之间”。该村村民常说，他们的祖先来到对面的山坡上时，正是太阳初升的时候，看到对面的两座山很像两只朝阳的凤凰，相对而立，翩翩起舞。祖先叹道：“这里是双凤栖息之地，是个吉祥的地方！”于是，在这里停留下来，生息繁衍，并将此地取名为“双凤栖”，简称“双凤”。

土司时期，双凤村隶属溪州。按照土司规定，辖地要保护山底的土地，那里更适合狩猎；高山适合刀耕火种，人住在山上，村落也建在山上，土家族“自古以来散处溪谷，所居必择高峻”，双凤村也因此建于高山台地。后来改土归流，刀耕火种被废弃，农耕生产逐渐由山顶转至山下，但双凤这个老寨依然保留下来，这个高山村落像一座古堡，更像一个孤岛，源远的土家族文化在远离山外的此地，完好地传承下来。

相传，双凤土家村民历经一百余代，唐代正式形成村落。至今仍完整保留着古老原始的土家族民风民俗，是中国土家族上千年历史文化的再现和缩影。1956 年 5 月，民族学、社会学、语言学家、全国政协民族事务组副组长潘光旦率调查团对湘西北进行调查，双凤村被作为样本村，搜集整理出大量的能佐证土家族为单一民族特质的资料。该村千百年来遗存的土家族语言、土家族习俗、土家族歌舞、土家族服饰、土家族建筑等珍贵史料，为确定土家族为单一民族提供重要实证。1957 年 1 月，中央统战部电报通知湖南省委、省政府，正式确定土家族为单一民族。

双凤村历史悠久。1940 年，村内立有一座“源远流长”石碑，实为“彭氏石谱”，文中显有“我彭氏自李唐来，世居溪州”世袭和字辈。双凤村摆手堂神位一侧立有一位身着草服的祖先，传说是关乎巴、濮之先祖，距今 2200 余年，应验了“吉祥地方”之说。双凤村人丁兴旺，由于村内土地等自然资源有限，双凤人离开双凤栖老寨，在双凤村周围辟地繁衍生息，先后形成叭科、样品沟、召且、反坡、沙湖、八吉、新寨 7 个外迁寨子，并如七星拱月之状，这 8 个寨子合称为“七寨半”。

双凤村土家族原生态文化特点突出。全寨房屋均为土家特色的木质结构，沿小溪两侧而建，为四排三间、五柱八棋或三柱四棋。多数民居壁板上还保留有“毛主席语录”。

中央电视台《中国影像方志》摄制组到双凤村采访省级毛古斯舞传承人彭英宣（左一）（2017 年）　孟春绒　摄

寨中建有土家族摆手堂，逢年过节，村民都会到摆手堂跳舞欢庆。国家级非物质文化遗产土家族毛古斯舞、摆手舞、打溜子、哭嫁歌，在村内代代相传，连绵不断。土家族敬酒歌、迎宾歌、山歌充分展示了土家人热情好客的民族性格。该村是中国土家族村寨的经典，也是土家文化完善传承的典范地区，保留有完整的民族歌舞和习俗，是毛古斯舞、摆手舞的发祥地之一。其中毛古斯舞亦舞亦剧、亦唱亦说，被称为“原始戏剧的活化石”和“中国舞蹈的最远源头”。摆手舞中的“单摆手”“双摆手”“小摆手”等系列土家族歌舞从该村整理挖掘，向周边土家族地区推广。因此，这里不仅是民族研究的基地，也是民族文化资源的重要宝库。村内有国家级非物质文化遗产土家族毛古斯舞传承人彭英威、国家级非物质文化遗产土家族摆手舞传承人田仁信、国家级非物质文化遗产土家族哭嫁歌传承人严水花。土家语传承人彭家齐、山歌阿婆彭若兰是土家人敬仰之人。毛古斯舞、摆手舞、打溜子、梯玛神歌、土家织锦、土家人过赶年、土家族哭嫁歌等具有土家民族标志的文明之花，在这里花繁叶茂，常开不败。2008 年，双凤村的毛古斯舞参加北京奥运会开幕式前文艺表演；之后，又参加南昌国际傩文化艺术周展演、第二届中国成都（国际）非物质文化遗产节、全国少数民族非物质文化遗产项目调演、首届全国农民艺术节、湖南省第七届少数民族运动会开幕式表演、广州第七届民俗文化节等重大节庆文化活动。2015 年，双凤村民田岩华、彭英宣等 30 人应邀参加韩国“星州生命文化艺术节”，表演土家族原生态舞蹈毛古斯舞、摆手舞、打溜子。2018 年，双凤村《毛古斯·狩猎》舞蹈节目成功入选“情系民族魂，唱响亚太梦”（香港站）亚太卫视 2018 年中国少数民族歌舞大联欢展演。中央电视台、香港卫视、天津卫视、重庆卫视、湖南卫视等多家媒体到该村拍摄民俗风情和专题纪录片。中央民族大学、云南大学、湖南大学、吉首大学、中南民族大学、西南民族大学及日本的民族专家学者等先后到双凤村调研考察土家族文化，双凤村成为永顺县文化旅游的一张名片。

双凤村环境优美，林木葱茏，百鸟合鸣，四季常青。苍松翠柏、楠木榉木、伯乐红豆等珍稀树木繁多，与其他树种和竹林将整个村寨掩映在绿波翠浪之中。溪水淙淙，一条小溪蜿蜒向东流入猛洞河。飞檐翘角的土家吊脚楼，古色古香，鳞次栉比，错落有致，隐现于绿荫深处，悬挂于危崖瀑布之上。吊脚楼依山沿溪而建，小青瓦盖顶，推窗亮格，雕梁画栋，司檐悬空，木栏扶手，走马转角，实现人与自然的和谐统一。摆手堂一派土家传统风格，环村游道彩练当空，迎客寨门气势磅礴，花桥飞檐，朝门翘角，古穴秘洞，九龙神庙、梅山神庙、官亭、土地堂、松柏古道等，无不彰显该村历史文化的厚重与久远。

双凤村乡风古朴，民俗奇特。抽叶子烟，喝煨罐茶，吃腊嘎嘎（腊肉），是村内土家人待客之道。拦门酒、婚庆酒、生日酒、起屋酒等习俗，把酒文化推向极致。特色酸辣味、土家九大碗、泡炒米煻糁、做糯米粑粑等饮食习俗，凝聚着土家族人的智慧和亲朋之间的亲情与友情。

双凤村民族民间艺术丰富多彩。村民上坡下田劳动唱山歌，节日庆典唱摆手歌，嫁女唱哭嫁歌，建房起屋唱上梁歌，年轻人谈恋爱唱情歌，结婚娶亲有拦门唱敬酒歌，还有儿歌、盘歌、打溜子、吹唢呐、吹牛角、吹木叶等土家族音乐，艺术特色独到，民族特色强烈而又鲜明。

双凤村重视学教家训。民族传统教育、现代学校教育、道德家训教育，自古至今，恒久不衰。

在中国共产党富民政策的指引下，精准扶贫成效显著，双凤村实现脱贫，并向全面小康大步迈进。退耕还林让双凤的山更绿，水更清；道路硬化让村民出行更方便，更卫生；路灯亮化，灯火通明，村寨夜晚更加美丽；古民居保护修旧如旧，更添古色古香。蜜蜂养殖、双凤茶叶为其重要产业，一批青壮年劳力外出务工，村民收入不断增长，乡村游开始兴起，到双凤旅游观光的游客日益增多。

进入 21 世纪，双凤村先后被授予“湖南省少数民族特色村寨”“湖南省省级文物保护单位双凤村古建筑群”“中国传统村落”“湖南省少数民族文化传承示范基地”“中国少数民族特色村寨”“湖南省全国重点文物保护单位和省级文物保护单位集中成片传统村落文化遗产整体保护利用示范村”“中国历史文化名村”等称号。

双凤人坚持发扬“勤劳勇敢、舍得奉献”的优良品德，不断向贫困宣战，与困难斗争，取得一个又一个优异成绩。朝阳的双凤，明天一定会更加美好。

# 基本村情

双凤村是一个典型的土家族村寨。村寨坐落在海拔680米的台地上，山峰突兀，坡陡沟深，山峦起伏，主体山为九龙山。土壤肥沃，气候温和，四季分明。

## ◉ 建置沿革

**村名由来** 双凤村原名为“双且”。土家语“且”的意思是“山坡”,“双且”意为“坐落在两个山坡之间”。传说，双凤村的祖先初到此地时，正是一轮红日从东方升起的时候，看到对面的两座山相对而立，呈翩翩起舞之势，有似两只朝阳的凤凰。祖先叹道：这里是双凤栖息之地，是个吉祥的地方。于是，就在这里停留下来，生息繁衍，并将此地改称“双凤栖”，简称“双凤”。20 世纪 60 年代，开展“农业学大寨”运动,“双凤”改为“双丰”，意为“革命生产双丰收”。有的村民认为该村位于两峰之间，也可称“双峰村”。进入 80 年代，多数村民认为，该村为两只凤凰栖身之地，千百年来一直称“双凤栖”，即“双凤村”，还是尊崇历史，恢复原来的“双凤村”为好。1984 年，经上级政府批准，复名为“双凤村”。

**历史沿革** 双凤村战国时属于楚，秦属黔中地。五代后梁开平四年（910）楚王马殷以彭士愁为溪州刺史，彭氏拥地自雄，自置 20 余州。双凤属溪州地。清雍正五年（1727）“改土归流”，彭氏 800 余年的土司制度被废止；清雍正七年（1729），永顺置府设县，双凤村属永顺县。

1913 年，永顺县设立 18 个保。双凤村隶属洗车保。1923 年，实行乡制，双凤村隶属洗车乡。1938 年，双凤村属白沙乡。

1949 年 10 月 19 日，永顺县解放。中华人民共和国成立之初，永顺县设 11 个区。双凤村和“七寨半”成立双凤乡，隶属第一区。1951 年 11 月，双凤乡并入小井乡，1952 年并入大坝乡。1958 年隶属大坝人民公社，双凤为管理区。1961 年，隶属和平人民公社，管理区改为双凤生产大队。1984 年，人民公社改乡制，生产大队改为村，双凤村隶属和平乡。2005 年，全县行政区划调整，和平乡整体并入大坝乡，双凤村隶属大坝乡。2016 年，全县行政区划再次调整，大坝乡并入灵溪镇，双凤村隶属灵溪镇。

## ◉ 区位　交通

**区位** 双凤村位于永顺县西南部，距永顺县城灵溪镇 15 千米，地处北纬 28° 34′ 48″、东经 109° 26′ 24″，东西长 8.1 千米，南北宽 5.2 千米。东与镇内东鲁村相连，南接沐浴村，西与大井村毗邻，北与西歧乡小井村交界。

通村公路（2021 年）　　彭治顺　摄

**交通**　双凤村有两条公路可以出入村境。往东行走 15 千米到达镇政府驻地，即永顺县城。其间，在 3 千米处的镇内东鲁村进入吉（首）恩（施）高速公路永顺互通。往南，经镇区沐浴村和金星村，进入 209 国道，到泽家镇进入张（家界）花（垣）高速公路，南行 89 千米可达湘西土家族苗族自治州政府驻地吉首市。向东行 80 千米可达张家界市，并可沿长（沙）张（家界）高速公路前行 3 小时，抵达省会长沙。

## ◉ 自然环境

**地貌土壤**　双凤村地处海拔 680 米的高山台地，村内地形北高南低，山峦起伏，沟壑纵横，主体山为九龙山。该村土质为板页岩发育的青砂泥土，土地肥沃，质地疏松，土壤含磷量高，团粒结构好。

**气候**　双凤村气候温和，四季分明，湿度大，多雾，年平均气温 18℃。日平均气温最高 35.5℃，最低 −7℃。无霜期 266 ～ 277 天，年均降水量 1357 毫米。

**物候**　双凤村在农历正月樱桃花开放，并遵循“正月栽竹，二月栽木”的谚语，植树栽竹。农历二月，桃花、李花竞相开放。农历三月，村民犁田打水，播种育秧；山山岭岭开有油桐花、土姜树花、映山红花等各种山花；布谷鸟、苞谷雀（儿）等鸟雀穿梭于山寨林木之间，不时发出清脆的鸣叫；蛇类等冬眠动物，随着天气的回暖而苏醒。农历四月，水稻插秧，旱地播种玉米（苞谷）和其他杂粮。农历五月，主要加强农作物田间管理和中耕施肥。农历七月，立秋过后，庄稼灌浆成熟，到了处暑，遍地金黄，白露秋分收割一扫而光。农历九月种豌豆，十月种麦子。寒露前三天摘茶籽，霜降后三天捡桐籽。2018 年，油茶引进新品种，成熟期推迟，霜降期间才能采摘，与捡桐籽同步。

**溪沟** 村内有一条小溪，发源于村北山涧，沿途接纳 9 口水井溢出的山泉水，由北向南穿越村内 1.8 千米，出境后流入沐浴村，再经金星、树坪村往东汇入猛洞河。

**植物** 村内植物资源种类多样，主要有生态类、经济类、菌类、花卉类等。生态类有枫香、青冈、柏木、榉木、雷公子、橡子树（苦栗子）、猴栗、银薇（马林光）、伯乐（钟萼木）、红豆杉、山矾（山桂花）、红椆木、松、杉、柏等 100 多种，森林覆盖率 90.81%。经济类有茶叶、油茶、油桐、楠竹、山竹、板栗、桃、梨、李子等。其中，野生水果有猕猴桃、野葡萄、八月瓜等 10 多种；野生药材有何首乌、茯苓、金银花、五倍子、天麻、黄连、灵芝、麦冬、七叶一枝花、南沙参、党参、射干、黄荆、黄药、白及、

九龙山上的映山红（2018 年） 田岩华 摄

古枫树（2021 年） 覃熙 摄

双凤村远眺（2021 年）　　彭治顺　摄

锦鸡（2018 年）

乌梢蛇（2018 年）

白前、鱼腥草、夏枯草、淫羊藿、白花蛇舌草、蒲公英、桑叶、金樱子、黄柏、杜仲、厚朴等 100 多种。菌类主要有木耳、香菌、牛肝菌、剥皮菌、香菇、枞菌、地木耳、干花菌、栋菌（凤尾菇）等。花卉类主要有兰花、紫荆花、樱桃花、映山红、牵牛（喇叭花）、百合花、栀子花、芙蓉花、玫瑰花、月月红、菊花等。

**动物**　动物资源主要有鸟类、鱼类、蛇类、哺乳类和两栖类。鸟类主要有锦鸡、竹鸡、野鸡、斑鸡、秧鸡、雪鸡、土寒鸡、乌鸦、喜鹊、猫头鹰、猴面鹰、画眉、大杜鹃（布谷鸟）、杜鹃、八哥、麻雀等。鱼类主要有团鱼、鲤鱼、鲫鱼、草鱼、白条子、红翅膀、花斑鱼、刺鱼、黄鳝、泥鳅等。蛇类主要有五步蛇、金环蛇、银环蛇、土恶蛇、青竹标蛇、鸡公蛇、秤杆蛇、黄金头、王头蛇、乌梢蛇、水蛇、菜花蛇、王横蛇等。哺乳类主要有野猪、野兔、竹鼠、穿山甲、白面狸、野猫、野狗、狐狸、猪獾（狸猪）、刺猬、松鼠、黄鼠狼、鼯鼠（飞虎）等。两栖类主要有大鲵（娃娃鱼）、岩蛙、林蛙等。

**自然灾害** 1989 年，双凤村遭遇百年未遇的大旱，97 亩稻田绝收，占稻田总数 217 亩的 44.7%，9 口古井全部干涸，人畜饮水严重困难。1995 年 5 月 31 日，县域降雨 354.4 毫米，村内山洪暴发，溪水猛涨，冲毁稻田 47 亩，旱地 21 亩。1998 年 7 月 23 日，县境降雨 346.5 毫米，山体滑坡 2 处，公路塌方 11 处，冲毁稻田 34 亩，旱地 18 亩。

## ◉ 人口姓氏

**人口总量** 双凤建村历史逾千年。由于人口的发展，地域的限制，村内的人口向周边地区迁移，形成叭科、样品沟、召且、反坡、沙湖、八吉、新寨 7 个外迁村寨，加上双凤栖，8 个寨子合称“七寨半”。

1950 年，双凤村有 49 户 221 人；2000 年增至 97 户 327 人，增加 106 人，年均自然增长率 9.6‰。人口增长较慢的时期是 1950—1980 年。1980 年有 57 户 240 人，30 年增加 19 人，年均自然增长 2.87‰。1990—2000 年，人口由 83 户 281 人增至 97 户 327 人，10 年增加 46 人，年均自然增长 16.37‰。2000 年后，部分村民开始外迁，外迁他乡 30 户 100 人。2010 年，全村有 85 户 253 人。2018 年有 93 户 287 人，比 2010 年增加 34 人，其中男性 18 人、女性 16 人，年均自然增长 16.8‰。

双凤村性别比 1950 年为 93.86；1990 年为 99.29；2000 年为 99.29；2010 年为 98.18；2018 年为 97.93。

**1950—2018 年部分年份双凤村人口情况表**

表 1

| 年份 | 户数（户） | 男（人） | 女（人） | 总人口（人） |
|---|---|---|---|---|
| 1950 | 49 | 107 | 114 | 221 |
| 1980 | 57 | 117 | 123 | 240 |
| 1990 | 83 | 140 | 141 | 281 |
| 2000 | 97 | 162 | 165 | 327 |
| 2010 | 85 | 124 | 129 | 253 |

续表 1

| 年份 | 户数（户） | 男（人） | 女（人） | 总人口（人） |
|---|---|---|---|---|
| 2017 | 93 | 141 | 142 | 283 |
| 2018 | 93 | 142 | 145 | 287 |

2018 年，双凤村人口的年龄结构为：60 岁以上有 50 人，占总人口的 17.42%。其中 70 ～ 79 岁 16 人，80 ～ 89 岁 15 人，90 岁以上 2 人。18 ～ 55 岁有 149 人，占总人口的 51.9%。

2018 年，彭姓有 78 户 240 人，占全村总人口的 83.62%；田姓有 9 户 30 人，占全村人口的 10.45%；唐姓 2 户 8 人，占全村人口的 2.79%；王姓有 2 户 5 人，占全村人口的 1.74%；陈姓有 2 户 4 人，占全村人口的 1.39%。

**人口构成** 20 世纪 80 年代以前，村内主要民族为土家族，占人口总数的 100%。80 年代后，随着改革开放的不断深入，双凤村青年小伙外出打工，带回村的媳妇有汉族和苗族。据 2018 年统计，全村总人口 287 人，其中土家族 279 人，占人口总数的 97.2%；汉族 3 人，占人口总数的 1.0%；苗族 5 人，占人口总数的 1.7%。少数民族人口总数 284 人，占人口总数的 98.95%，少数民族人口占绝大多数。

**姓氏组成** 双凤村主要姓氏有彭、田、唐、王、陈 5 个姓氏，人口以彭、田两姓原住民为主，其余姓氏均为后来迁入。唐氏：1 人，随母彭氏由邻村怕堵湖自然寨迁入双凤村居住。王氏：民国时期，保靖县瓦匠王德福随师父到双凤村捡瓦，后来，在此上门安家。2002 年，王德福的弟弟王德元，又从保靖迁入双凤，王姓增至两家。陈氏：陈姓人陈国华，原住地为毗邻村新寨。20 世纪 80 年代随母彭氏迁入双凤外祖母家居住。

“源远流长”石碑（2021 年）　　覃熙　摄

彭氏：没有专门的纸本族谱。民国年间，在村内立有一块石碑，碑上有双凤彭氏起祖朝代和字辈记载。

班派字四十字：文景光宗祖，武英振家声，易书启俊秀，忠孝佐升平，燕翼贻谋远，鸿图垂裕荣，继承昭令绪，永世达朝廷。

田氏：先祖来历和字派辈分缺少详情，只知始迁祖（宗字辈）人发四房，祖昭、祖海、祖安、祖口（失考）。

班派字四十字：印大洪宗祖，仁义礼智信，荣发富贵久，国泰民安定。经典传世泽，文学增孝顺，昭穆竟贤德，永远祝昌盛。

## ◉ 基础设施

**房屋** 双凤村房屋均为木质结构，全村有54栋，其中建于清代有4栋，民国时期29栋，中华人民共和国成立后有21栋，总建筑面积7113平方米。建筑依山就势，无统一朝向，保持传统格局。“左青龙、右白虎、前朱雀、后玄武”，土蓝瓦、花格窗、司檐悬空、木栏扶手，前坪坝、后竹林，绿波荡漾。建筑平面布局多为一字形、L形（俗称单手推车）、凹字形（俗称双手推车），建筑面阔多为3～5间，穿斗式梁架结构，三柱

修建木屋（2012年）　　卢瑞生　摄

四棋，五柱四棋，也有五柱八棋。其中五柱四棋，进深 8 米，中堂开间 4.67 米，两边开间 4.3 米。村内正屋配有厢房吊脚楼的有 11 栋，占房屋总栋数的 20.37%；吊脚楼中属转角楼的有 9 栋，占吊脚楼总数的 81.8%，房屋均小青瓦屋面。建筑木材多为松木、柏木和杉木，建筑外围及室内隔断均为木板壁形式。2014 年，国家投入资金 450 万元，对全村 48 栋民屋进行修缮，普遍开展屋瓦检查一次，木质部分朽烂处全部翻修，修旧如旧。

**道路**

**古道** 清代、民国时期，通往村外的道路有 3 条小径。一条往东，起于村内官亭堡沿双凤沟而下，至东鲁村两岔河组，全长 3.54 千米；一条往西，起于村内那巴桔“松柏古道”，至大井村水库，全长 3.7 千米；另一条往南，起于村内上寨组至沐浴村唐家铺，全长 3.1 千米。其中“松柏古道”是其要道，路旁至今还保留有几十棵松柏古树和由条石铺就的石板阶台，古哨卡炮台的遗址残存在松柏古道的尽头。

**公路** 1981 年，双凤村开始修建通村公路，因实行家庭联产承包责任制，劳动力不足，资金短缺，中途停工。1994 年，通过销售榉木等办法筹集资金 4 万元，续修村道 1.3 千米，自此双凤村始通公路。2003 年，通往灵溪镇东鲁村公路动工修建，当年建成通车，全长 5.7 千米，投入资金 19 万元。

2015 年，两条通村公路实施硬化改造，均宽 3.5 米，总长 8000 米。其中，一条由村部楼至吉（首）恩（施）高速永顺互通处全长 3000 米，另一条由村部楼至沐浴村全长 5000 米。

**户间道** 明弘治元年（1488），双凤村寨主彭景明牵头，将寨中主干道和通往村外

户间道、挡墙（2021 年）　　彭治顺　摄

自来水洗衣（2021 年）　彭治顺　摄

移动基站（2021 年）　彭治顺　摄

"松柏古道"铺设青石板。2017 年，村内户与户之间道路全部铺装青石板，户间道宽 1 米左右，因地形而定，总长 1.4 千米，户户相连，家家相通，形成网络通道。

**供水**　1981 年，由县政府拨款 50 万元，在村内接龙桥上方建成 1 口能储 300 立方米水的蓄水池，以备干旱时村民使用。2001 年，实施自来水工程项目，在村内溪沟修筑蓄水坝 1 座，铺设输水管道 4200 米，同时修建 50 立方米蓄水池 1 口，50 立方米供水池 1 口，8 立方米过滤池 1 口。但因选址不当，水源不足，未能发挥作用。2018 年，重启自来水工程项目，新修 300 立方米的蓄水池 1 口，重新铺设供水管道 4870 米，全村 93 户 287 人全部用上自来水。

**供电**　1994 年，经村民协商决定，将村内 3 棵老榉木销售给湘西州外贸公司，获价款 12.7 万元，通电建设支付 8.5 万元，其余用作修公路。2016 年实施农网改造，电价由 1.98 元降至 0.58 元，实现与城镇同网同价。

**通信**　1970 年，双凤大队架通电话。2003 年，无线电话开通，安装电话机 3 部。2011 年，永顺县移动公司在官亭堡修建移动基站，移动通信覆盖全村。2018 年，村内有手机 167 部，户户均有，电话普及。宽带接入 7 户，网络通信全覆盖。

**亮化**　2014 年，投入资金 135 万元，将村寨内所有管线全部入地；投入资金 310 万元，修村寨内道路、坪场全部铺装青石板；投入资金 531 万元，修建旅游接待中心、旅游停车场、旅游景点等设施。村内安装太阳能路灯 48 盏，安排 3 名卫生清扫保洁员，一个舒适、整洁、明亮的双凤村呈现在游人的面前。

# ◉ 发展概况

**经济** 2000 年，双凤村是湘西州委、州政府确定的 90 个边远特困村之一，2001 年，是永顺县委、县政府确定的 15 个边远特困村之一。2000 年以来，在该村实施产业扶贫工程，发展茶叶种植 410 亩、养羊 150 只；实施基础设施扶贫工程，改造完善了水、电、路、住房设施；实施劳务输出扶贫工程，年劳务输出人员 108 人；实施旅游扶贫工程，新建旅游配套服务设施。建立支柱产业，发展旅游产业，实现脱贫摘帽目标。2018 年，全村总收入 262.9 万元，其中农业收入 25.4 万元，畜牧业收入 9.5 万元，茶叶收入 11.8 万元，务工收入 145.1 万元，旅游收入 11 万元，其他收入 71.7 万元。人均纯收入 4580 元，比 2016 年增加 1010 元，增长 28.29%。

**教育**

家庭教育 双凤人重视后代的家庭教育。千百年来，家庭教育的方式是靠言传身教，把传统文化、生产技能、生活常识等传授给后辈。

孩子从出生到长大成人，一直在祖辈和父母身边，通过耳濡目染、潜移默化的方式接受长辈教育。随着年龄的增长，逐步走向成熟。

女孩进入青春期时候，母亲都会告诉她一些生理方面的知识。要出嫁了，她们总是会从父母亲那儿受到怎样做个好妻子的教育，都知道做妻子的应该孝敬自己的公婆。在出嫁前所唱的哭嫁歌里，就有很多告别亲人、诉说离开自己的父母以及兄弟姐妹的忧伤的内容。而其中相当重要的内容则是告诉新婚的女子，婚后的生活应该是怎样的。从嫁到

火堂读书（2018 年） 田义龙 摄

风雨桥上的阅读（2018 年） 田义龙 摄

夫家的那一刻起，就有责任去承担一个成年人的责任。

**社会教育** 双凤村像祭祖活动中的摆手舞、毛古斯舞等，都是全村人，甚至包括“七寨半”的人都参加的大型活动。跳摆手舞的时候，不分男女老幼，全寨人都来跳，刚学走路的孩子也可跟在大人后面，踉踉跄跄地学着。农历七月十三、清明节等节日活动，也是村民间的社会传统教育。

双凤村对于性知识的教育，村民大多不好意思开口讲。老人们认为，孩子大了，自然就懂了，并不需要专门的教育。当地人跳的毛古斯舞中有关抢亲、性交、婚配等内容的表演是性教育最集中的环节，这种舞蹈形象地告诉村民人是怎么来的。

同时，社会性别意识内化的过程也是从小就开始的，通过一些特别场合对男孩女孩进行规训，使他们从小就要知道作为男孩子，什么可以做，什么不可以做。同样，女孩从小就被教育什么事可以为，什么事不可以为。

**私塾教育** 清乾隆元年（1736），永顺县境开始办私塾。双凤村有钱人家子弟到邻近的大井、灵溪等地就读。清末村内彭光典考取进士。民国时期，双凤人创办私塾，教材有《三字经》《百家姓》《千字文》《幼学琼林》《龙文鞭影》《声律启蒙》，以及四书五经等。高级班开设算术课。私塾先生先后有彭祖圭、彭祖堂、龚伯宏等。20 世纪 40 年代末，私塾停办。

**民国时期学校教育** 20 世纪 40 年代初，双凤村办新学，即双凤学校，聘请的教师为黄埔军校毕业的汪德庆。课程设国文、算术等，双凤新学开办成功。不久，周边村寨的学龄儿童纷纷到双凤学校入学就读，学生不断增加。3 年后，学生达 60 多人。

**中华人民共和国时期学校教育** 1950 年，永顺县人民政府接管双凤学校，将其改名为“双凤小学”，校址设在彭耀光家，教师有田义蛟、田祖海和彭家海 3 人。有学生 60 余人。1960 年，教师由 3 人减至 2 人。

1999 年，永顺县民委拨款 1 万元，兴修双凤村小学。2002 年，双凤村村委会向永顺县教育局争取资金 2.7 万元，整修教室，改建厕所，添置课桌 16 套，地面水泥硬化。同时，置办音乐、体育器材，改善办学条件。

2003 年秋，双凤村小学学生多数进入县城灵溪镇学校就读，该村小学在校生只有 8 人，其中一年级 5 人，二年级 3 人，教师 1 人。次年，双凤村小学停办。

2018 年，双凤村在外入学学生 34 人，其中本科、大专生 2 人，高中生 2 人，初中生 5 人，小学生 25 人；在县城中学读书 2 人、小学 25 人，其中由父母或祖父母陪读的有 25 人。

**医疗** 历史上，治病疗伤主要依靠中草药，有名气的草医有彭英威、彭武栋、彭振华等。1968 年，双凤大队办合作医疗，配有赤脚医生 1 人。1980 年，大队设卫生室，医生为彭英正。之后村卫生室医生有陈冰玉、彭振奎等。2018 年，村卫生室新修完工，村民一般病痛治疗基本不出村。

村卫生室（2018 年） 周万全 摄

**文化** 双凤村在旧时就有爱好文化活动的习惯，群众文化活动主要有唱山歌、打溜子、下打三棋、跳摆手舞、跳毛古斯舞等。特别是每年春节，“七寨半”土家族汉子从正月初三或初五开始跳摆手舞和毛古斯舞，要连续跳 8 个夜晚，盛况空前。双凤村村民还有唱山歌的习惯，有时，在山上劳动之余，相互对歌，你问我答，相互对鸾；有时，青年男女进行情歌对唱，抒发相恋情感。20 世纪 60 年代，村民喜欢看电影、看阳戏，附近村寨放电影或演戏，村里的人们都会三五成群，有的拿火把，有的提马灯，结伴前去观看。90 年代，摆手舞、毛古斯舞得以恢复，人们又聚集摆手堂一起跳摆手舞、学摆手舞。双凤村不论男女老幼均会跳摆手舞。双凤村有非物质文化遗产传承人 8 人，其中国家级 2 人、省级 1 人、州级 1 人、县级 4 人。双凤村建立了“农家书屋”，藏书 1580 册。2017 年 6 月，双凤村被省文化厅评选为“湖南省经典文化村镇”。

**体育**　双凤村体育活动丰富多彩，旧时体育项目有扳手劲、抵扁担、荡秋千、踢毽子、踩高脚马、抽陀螺、摔抱腰（儿）、拔河等。特别是在以生产队为单位劳动生产休息时，年轻的小伙子都会在工地表演扳手劲、抵扁担、摔抱腰（儿）项目，年轻的姑娘们会就地采一把青蒿尖捆成毽子，看谁踢得最多。2018 年，村委会建成体育活动场地，添置运动器材。每逢春节回家过年，年轻人要聚在一起打篮球、乒乓球和羽毛球。老年人经常到活动场地使用健身器材，老有所乐。

## ◉ 扶贫脱贫

**贫困状况**　2001 年，全村有耕地 178 亩，其中旱地 18 亩，水田 160 亩，人均旱涝保收面积 0.3 亩，人均纯收入 670 元。从 1980 年开始就有村民易地搬迁，自己联系户口挂靠单位，便于子女在县城学校读书，原有责任田由亲友代管，生活来源依靠务工收入。先后迁往外镇外乡有 30 户、100 人。

**政策目标**　2000 年，湘西州委州政府作出对全州 90 个边远特困村实行 5 年重点扶贫的重大决策。2001 年，双凤村被选定为永顺县 15 个特困村之一。永顺县委县政府选派国家干部彭武满、魏大万 2 人驻村扶贫，分别担任第一村书记和科技副主任。2014 年，双凤村实施精准扶贫，全村有建档立卡户 40 户 146 人，占总人口的 52.1%。灵溪镇驻村干部和村干部共同合力开展精准扶贫工作，制定双凤村扶贫规划，并经村民代表大会讨论通过。规划建立养殖业和办茶厂等支柱产业；实施基础设施建设和古村保护项目，大力发展旅游产业。2018 年制定《双凤村扶贫开发（2018—2020）实施规划》，制定“一年有起色，三年见成效”的总体目标，计划到 2020 年全村村民支配收入超过国家人均脱贫标准，不漏一户、不掉一人，使全村村民 100% 脱贫致富奔小康。

2014 年双凤村扶贫项目规划一览表

表 2

| 类别 | 项　目 | 资金（万元） | 计划规模及内容 | 效益及效果 |
|---|---|---|---|---|
| 基础设施 | 修公路 | 60 | 1. 新修 10 千米，新修桥 1 座；<br>2. 扩修 10 千米 | 1. 改善村民生产生活条件<br>2. 促进土家族文化旅游发展 |
| | 低压线路改造 | 11 | 全长 3 千米 | 兴办加工业和旅游事业 |
| | 通播视话 | 13 | 开通广播电视，接通程控电话 | 全村受益 |
| | 茶园灌溉设施 | 20 | 管道 4000 米，灌溉 300 亩 | 创高产优质茶园，确保人均收入 2000 元 |
| 古村保护 | 管线入地 | 135 | 全村所有管线入地 | 实施亮化，促进旅游 |
| | 环境整治 | 310 | 道路全部硬化 | 方便村民出行 |
| | 民居修缮 | 450 | 古民居修缮 48 栋 | 修旧如旧 |
| | 陈列室 | 250 | 非遗文化陈列 | 传承非遗文化 |
| 支柱产业 | 养殖业 | 25 | 养黄牛 100 头，养羊 500 只 | 年创收 20 万元，人均增收 600 元 |
| | 村办茶叶加工厂 | 30 | 年加工茶叶 300 担 | 1. 年创收 60 万元<br>2. 年利税 15 万元<br>3. 人均增收 300 元 |
| | 旅游服务设施 | 10 | 1. 年接待游客 1 万人次；<br>2. 服务旅游 | 1. 年创收 30 万元<br>2. 人均创收 800 元 |
| 旅游设施 | 游客服务中心 | 104.85 | 建筑面积 226.88 平方米 | 改善旅游条件，促进旅游发展 |
| | 旅游厕所 | 21.59 | 面积 34.44 平方米 | 改善旅游条件，促进旅游发展 |
| | 官亭、门楼 | 68.05 | 门楼 1 个、凉亭 2 个 | 改善旅游条件，促进旅游发展 |
| | 游道、停车场 | 81.35 | 游道长 165 米，停车场 2820 平方米 | 改善旅游设施，促进旅游发展 |

### 扶贫方式

**驻村帮扶**　驻村帮扶原为建整扶贫，即党建与扶贫相结合，实行单位驻村扶持。从 2003 年开始，先后有县农业局、灵溪镇政府干部进驻双凤村，开展扶贫攻坚和精准扶贫工作。

**结对帮扶**　2014 年，双凤村实施精准扶贫，灵溪镇人民政府干部和双凤村干部对建档立卡贫困户实行一对一帮扶，结合贫困户自身意愿来考虑从生产种植发展，环境条件改善，加强培训技能水平，提高自身能力，生产、生活完善保障等多方面进行帮扶。先后有 15 名镇村干部，结对帮扶贫困户 40 户 146 人，直至每户实现稳定脱贫。

**政策帮扶** 双凤村对计划生育政策落实较好的农户实行政策帮扶优惠。如两女户、独生子女户入学、入托、入园、就业、参军、招聘等享受优先政策；经济开发、致富项目资金投入等享受最大的优惠政策；农村义务工、积累工享受一定程度的减免；各种收费项目，按规定享受减免。

**自主创业** 双凤人历来坚持自强不息，不等不靠，村民盘活自有资金，把有限的资金投入到种植、养殖、加工、经商等实体经济，发挥资金的效益。民间艺人、各类工匠外出务工，发挥一技之长，实现脱贫致富。

**扶贫措施**

**产业扶贫** 2002年，新开发茶园70亩，整修老茶园20亩。2018年整改发展茶园面积410亩，茶叶成为村民收入的主要产业。县发改局、县农业局为双凤村置办茶叶加工厂房、机械设备。同时，发展养羊产业。2018年新发展养羊户3户，存栏150只。

**基础设施扶贫** 电力设施完成低压线路改造3千米，交通设施完成公路硬化8千米，水利设施新修山塘1座、整修水井9口、新建水池3个。

**发展旅游扶贫** 2017年，州、县政府投入资金261.2万元，修建游客接待中心

采茶（2020年） 杨宇雄 摄

226.88 平方米；投资 104.85 万元，修建旅游厕所 34.44 平方米；投资 21.59 万元，修建官亭 10.39 平方米；投资 22.05 万元，新修门楼 31.8 平方米；投资 46 万元，修建游道 165 米；投资 19.12 万元，安装水电；投资 62.23 万元，扩建景区停车场 2820 平方米。

**脱贫成效** 双凤村经过多年的扶贫，村容村貌发生显著变化，村民生活水平得到显著提高，生产生活条件得到明显改善。2014 年脱贫 16 户 68 人；2016 年脱贫 4 户 19 人，人均纯收入 3570 元；2017 年脱贫 16 户 45 人，人均纯收入增加到 4010 元；2018 年再上新台阶，脱贫 2 户 8 人，人均纯收入上升至 4580 元，比 2016 年人均增加 1010 元，增长 28.29%；2019 年实现全村脱贫摘帽；到 2020 年，全村粮食总产量达到 100 吨，人均产粮 300 千克，社会总产值达到 250 万元，人均纯收入达到 4800 元，学生入学率 100%；村民 100% 参加新型农村合作医疗和新型农村养老保险。

## ◉ 村民生活

双凤村在党的富民政策指引下，村民收入不断提高，衣食住行大幅改善，基础设施不断完善，精准扶贫成效显著，社会保障全面落实，村民过上了不愁吃、不愁穿的生活，义务教育、基本医疗、住房安全有保障。

**村民收入** 20 世纪 60、70 年代，生产队的经济收入主要依靠销售桐油、茶油、茶叶、木材等。社员每个工日收入 0.35 元。1979 年，全大队收入 5.8 万元。80 年代，推行农业生产责任制，劳动力自由流动，农业科技全面推广，温饱问题全面解决。进入 21 世纪，加大扶贫力度，实现脱贫。2014 年，实施精准扶贫项目，村民收入增长加快。2018 年全村收入 262.9 万元，比 1979 增长 45 倍，村民生活水平普遍提高。

1979 年，村内有 5 人外出务工，全年总收入 3000 元。1990 年，全村有 21 人外出务工，全年总收入 3.8 万元。进入 21 世纪，外出务工人员增多，工资增长。2000 年，外出务工 45 人，全年总收入 4.2 万元。2010 年，有一技之长的人员月收入达到 1 万元左右，普通工人月收入也有 3000 ~ 5000 元。2015 年，全村外出务工 66 人，全年总收入实现 100.3 万元。2018 年务工 108 人，全年总收入 145.1 万元，是 1990 年的 38.2 倍。

20 世纪 80 年代，国家对村民发放政策性补助，当时有民政救助等。进入 21 世纪，政策性补助项目增加，主要有退耕还林、农村低保、粮食直补、养老保险、医疗保险、电费补贴等。2015 年，全村农民政策性补助共计发放 39.1 万元，2018 年增至 71.7 万元。

1979—2018 年部分年份双凤村主要经济收入统计表

表 3　　　　单位：万元

| 年度 | 总收入 | 农业 | 畜牧业 | 茶叶 | 务工 | 旅游 | 其他（政策补助） |
|---|---|---|---|---|---|---|---|
| 1979 | 5.8 | 4.2 | 1.1 | 0.1 | 0.3 | 0 | 0.1 |
| 1990 | 11.7 | 5.5 | 2.1 | 0.1 | 3.8 | 0 | 0.2 |
| 2000 | 13.8 | 6.2 | 2.8 | 0.3 | 4.2 | 0 | 0.3 |
| 2002 | 21.95 | 8.9 | 5.3 | 1.9 | 5.0 | 0 | 0.85 |
| 2015 | 176.9 | 21.3 | 8.7 | 4.5 | 100.3 | 3 | 39.1 |
| 2016 | 204.2 | 24.1 | 7.3 | 5.7 | 106.2 | 5 | 55.9 |
| 2017 | 231.3 | 23.9 | 9.1 | 7.1 | 117.8 | 6 | 67.4 |
| 2018 | 273.9 | 25.4 | 9.5 | 11.8 | 145.1 | 11 | 71.7 |

**村民支出**　1979 年，消费总支出 2.4 万元，其中粮食类支出 1.2 万元，占消费总支出的 50%；副食品支出 5000 元，占总支出的 20.83%；服饰类支出 1600 元，占消费总支出的 6.67%；文化教育类支出 800 元，占总支出的 3.33%；其他消费支出 4600 元，占总支出的 19.17%。2018 年，全村消费总支出 98.18 万元，其中粮食类支出 36.1 万元，占当年总支出 36.77%，比 1979 年减少 13.23 个百分点；副食类消费支出 23.8 万元，占消费总支出的 24.24%，比 1979 年提高 3.41 个百分点；服饰类消费 10.84 万元，占消费总支出的 11.04%，比 1979 年提高 4.37 个百分点；文化教育类支出 18.54 万元，占消费总支出的 18.9%，比 1979 年提高 15.57 个百分点；其他类支出 8.9 万元，占消费总支出的 9.05%，比 1979 年减少 10.12 个百分点。

1979—2018 年双凤村择年部分消费品支出情况统计表

表 4　　　　单位：元

| 项目 | | 年度 | | | |
|---|---|---|---|---|---|
| | | 1979 | 1990 | 2000 | 2018 |
| 支出总金额 | | 24000 | 40000 | 48000 | 981800 |
| 粮食类 | 金额 | 12000 | 16000 | 20000 | 361000 |
| | 比重（%） | 50 | 40 | 41.66 | 36.77 |

续表 4

| 项目 | | 年度 | | | |
|---|---|---|---|---|---|
| | | 1979 | 1990 | 2000 | 2018 |
| 副食类 | 金额 | 5000 | 10000 | 12000 | 238000 |
| | 比重（%） | 20.83 | 25 | 25 | 24.24 |
| 服饰类 | 金额 | 1600 | 4000 | 4500 | 108400 |
| | 比重（%） | 6.67 | 10 | 9.3 | 11.04 |
| 文化教育 | 金额 | 800 | 6000 | 7500 | 185400 |
| | 比重（%） | 3.33 | 15 | 15.63 | 18.9 |
| 其他 | 金额 | 4600 | 4000 | 4000 | 89000 |
| | 比重（%） | 19.17 | 10 | 8.33 | 9.05 |

### 衣食住行

衣　双凤村村民的穿衣经历了几个时期的变革。20 世纪 50 年代以前，穷人家缺衣少食，有的几姊妹小的时候便共用一件衣服或一条裤子，出门才穿，未出门就在火坑烤火或坐在床铺上。衣服布料多为自己织的或者买的棉布或麻布，也有在市场上买的卡其布。衣服的式样为土家族服饰。七八十年代，以供销社买的卡其布和的确良布为主，也有自己织的棉布和麻布，社员买布还要布票，一个人一年布票 6 尺（2 米），只能做一件衣裳或一条裤子。所以，这一时期穿补丁衣裤的较多，衣服式样以中山装居多。80 年代中期以后免除了布票，布料的种类、花色增多。双凤村年轻人开始赶潮流，男士穿上了西装或夹克，女人穿上了裙子和花衣裳。现在，不论男女老幼穿补丁衣服已成为历史。

食　双凤村民吃饭问题的解决是在农村实行生产责任制和推广“双杂”种子（杂交水稻和杂交玉米）以后。旧时，双凤村民主食为“杂粮饭”（绿豆饭、苞谷饭、麦子饭、红苕饭、豌豆饭、洋芋饭），大米与杂粮混食。20 世纪 80 年代后，人们的生活水平提高了，全部吃上了大米饭。进入 21 世纪，部分农户饮食观念发生了转变，又开始返吃“杂粮饭”，目的是养生，主要吃“绿豆饭”“苞谷米饭”两种。米饭特色蒸煮方法上有甑子饭、鼎罐饭和锅巴饭。

住　双凤村村落的平面布局分为大、小两部分，仿佛两只凤凰相对而立。称为“大凤凰”的建筑群整体布局结构相当清晰。“小凤凰”部分规模很小，布局相对简单。双

村寨石板路（2021年） 覃熙 摄

凤相向而立，互相呼应，形成统一的整体。精准扶贫政策实施后，双凤村住房修旧如旧，干净整洁。住房前的天坪、人们行走的道路全部铺装青石板，管线全部入地，安装太阳能路灯48盏，家家户户供水供电。

行　双凤村历史上只有3条小径通往山顶村寨，出村寨全部为走路。出行晚了，当天不能赶回，在县城或路上亲戚家里还要住上一晚。兴修公路以后，出行全部乘车，当天便可返回。1994年，修通了由双凤经沐浴村到永顺县城的公路；2003年，修通了由双凤村经东鲁村到永顺县城的公路；2015年，两条公路全部硬化改造，村民先后购买小轿车15辆、摩托车37辆、三轮车2辆。至此，双凤村出行十分方便。

### 社会保障

五保供养　1958年，村内无依无靠的老弱病残社员，实行吃、穿、住、医、葬五保。其中衣被由县民政局提供，吃住由生产队负责。从1988年起，农村五保老人由所在村组供应粮食和其他生活必需品，县民政局每人每年补助60元。2018年，双凤村有五保老人1人，县民政局每人每月统筹补助220元，全年2640元。

**农村居民最低生活保障** 1998 年，村内开始实施农村居民最低生活保障制度，比例为总人口的 2%。2018 年，双凤村享受农村低保 37 户 64 人，年发放低保金 13.44 万元。

**农村养老保险** 2010 年，双凤村贯彻执行永顺县人民政府关于《永顺县新型农村养老保险试点工作试行办法》文件精神，村民参加新型农村养老保险，从当年 10 月起，给农村年满 60 周岁以上的老人每人每月发放养老金 55 元，全村有 67 名老人领取养老金。2014 年 4 月起，养老金标准调整，即由原来每人每月 55 元提高到 75 元。2018 年，全村参保人数 120 人，投保基金 1.2 万元，参保率 100%。享受养老金补贴 50 人，全年发放养老金总额 6.18 万元。

**新型农村合作医疗** 2007 年，双凤村实施《永顺县新型农村合作医疗办法》，是年，个人缴纳基金 10 元，2017 年个人缴费 180 元，2018 年个人缴费提至 220 元，全村参加新型农村合作医疗 93 户 287 人，参合率 100%，因病住院 13 人，报销费用 4.55 万元。

## ◉ 村级管理

**村民自治** 1989 年，双凤村在村党支部的领导下，认真宣传贯彻《中华人民共和国村民委员会组织法》。1990 年 5 月，组织村民首次举行村民委员会成员民主选举，选举

村支两委会议学习村民委员会组织法（2018 年）

坚持“公开、公正”和“直接、差额、无记名、双过半”原则，选举一次成功。新当选的村委会成员在党支部的领导下，深入学习村民委员会组织法及党和国家有关农村的方针政策和法律法规，全面履行各自的义务。1996 年，第三次村委会第三次换届选举后，村委会全体成员认真学习贯彻永顺县民政局印发的《村民自治章程》，并根据双凤村实际制定实施办法。1998 年制定村规民约，2005 年，村委会根据县乡政府部署要求，建立健全双凤村财务制度、村民议事制度、村务公开制度、村民代表会议制度和村民评议干部制度。2010 年，村党支部和村委会结合双凤村实际，组织村民相继制定《文物安全管理制度》《文物建筑消防安全管理十项规定》《消防管理制度》《村民防火公约十五条》《推进生态文明，建设美丽乡村十二条》《旅游村规民约》《卫生村规民约》等。至 2018 年，村委会选举历经 10 届，村内管理的各项制度及其民约基本健全，并日益完善。

**村务公开** 2013 年，双凤村对全村的低保户、建档立卡户评议事项，按国家标准召开村民大会开展评议，坚持公开、公正、合理，不优亲厚友。凡不符合条件的低保户，由村民代表大会讨论，责令清退。村内建设项目的征地拆迁补偿标准，一律上墙公布。凡村里重大建设项目由村“两委”提请村民代表大会讨论决定，表决同意后方可组织实施。

村务公开栏目设置主要有党务公开、政务公开、财务公开、民生项目公开等；公布的内容主要有最低生活保障补助户名单、精准扶贫户名单等。

双凤村公示牌（2021 年） 覃熙 摄

深秋红枫叶（2021年）　　彭治顺　摄

# 土家文化

20 世纪 50 年代，全国政协民族事务组特派民族学家、社会学家、语言学家潘光旦到双凤村开展土家族识别调查。以该村作为调查样本，潘光旦教授等人整理出了土家族语言、土家族建筑、土家族舞蹈等大量土家文化资料，为认定土家族为单一民族提供了重要依据。

# ◉ 土家族识别的"活标本"

**自称毕兹卡** 双凤村土家族自称"毕兹卡"或"毕际卡"，即"本地人"的意思。有说"毕兹卡"是古代"伏羲""鼻息"（古羌戎的一支）的转音。土家族在不同的时期有不同的别称。在殷周时出现的"巴人""彭人"之称，即是土家族古老的支系。春秋战国时，又有"廪君蛮""板盾蛮"之称，秦汉时期为诸蛮之一种，称为"巴郡南郡蛮""武陵蛮""五溪蛮"等，宋以后称"土人""土蛮""土丁"，明以后，特别是清代改土归流以后，与汉族"客家"称呼相对应，就有了"土家"专称。民国时期，土家族被辱称为"土蛮子""蛮子"。1957 年 1 月 3 日，中央统战部电文确定土家族为单一民族。

**独立语言** 双凤村 70 岁左右的老人都能用土家语对话交流。土家语是一种有语言而无文字的独立的原生态语言。永顺土家语方言是以双凤村保留的土家语为标准音。村内土家语方言具有代表性，其语言发音人有田仁信、彭家齐、彭家珍、严水花。土家族称自己的民族语言为"毕基洒"，土家语词汇丰富，表达力强，名词、动词、形容词、数量词、代词、副词、连词、助词均可用土家族语言表达。双凤村很多地名还留有土家语的特征，"七寨半"地名，除新寨以外，其余的双凤（双且）、叭科、样品沟、召且、沙湖、八吉等，均为土家语。对祖父祖母等长辈的称谓多用土家语，对平辈多用汉语。

《永顺县志（1989—2010）》总纂吴志夫（左）在双凤村与当地土家族村民核对土家语（2014 年）

**独特习俗** 双凤村坐落在大山深处，体现了“自古以来土家村寨散处溪谷，所居必择高峻”的居住特点。因地处偏僻，故而完整保留着古朴原始的土家族民俗民风，是一处具有传统独特的民族文化内涵的立体空间。毛古斯舞、摆手舞、打溜子、土家织锦、梯玛神歌、过土家年、土家族婚嫁歌等具有土家族民族标识的民族文化，在这里仍然完整保留着。每逢过年过节或农闲时节，附近七寨的男女老幼聚集在双凤摆手堂前，打起土家溜子，唱起土家山歌，跳起欢快的毛古斯舞、摆手舞，自娱自乐、欢快度日。

2010年元月，双凤村被湖南省民族事务委员会评选为“湖南省少数民族特色村寨”。

**专家调研** 潘光旦入村调查。1956年3月12日，双凤村村民田仁信、彭家齐、彭武鑫等8人抬一顶用太师椅做成的简易轿子赶到县城，接一位只有一条腿，拄着拐杖的民族学、社会学、语言学家潘光旦到双凤村调研土家族，为土家族认定成为单一的少数民族掀开了封尘已久的面纱。潘光旦调研后得出结论：土家人是古代巴人的后裔。古代巴人，曾经是中国历史上神秘失踪的一个族群。潘光旦在双凤村的发现，以及前后搜寻的一系列关联性证据，得到众多历史学家的支持和肯定。

**民族确认** 1957年1月3日，中央统战部发出《关于确定“土家族”民族成分问题的加急电报》，书面通知中共湖南、湖北、四川、贵州省委、省人民政府，确定“土家族”为单一少数民族。自此，土家族成为中华民族56个民族大家庭中的一员。

## ◉ 土家非遗文化的“活化石”

双凤村土家族文化历史悠久，特色鲜明，享誉中外。被誉为中国舞蹈最远源头的“摆手舞”，原始戏剧活化石的“毛古斯舞”，极富人情味和艺术性的古典艺术“哭嫁歌”，民间技艺经典佳作的“打溜子”，2006年被列入国家级非物质文化遗产名录，传承至今，灿烂夺目。“摆手舞演绎刀耕火种、毛古斯再现洪荒狩猎”，独特的实景堪称艺术化石。

### 摆手舞

2006年，入选第一批国家级非物质文化遗产名录。摆手舞是土家人祭祀祖先的大型舞蹈，双凤村土家人都会跳。双凤村建有摆手堂，摆手堂前有青石板铺就的摆手坪，每年正月初三至十七的晚上，男女老少齐集摆手坪，共跳摆手舞。清乾隆《永顺府志》记载：“各寨有摆手堂，又名鬼堂，谓是已故土官阴署。每年正月初三至十七日止，夜间鸣锣击鼓，男女聚集，跳舞唱歌，名曰摆手，此俗犹存。”

土家族摆手舞源远流长。一说摆手舞起源于宗教祭祀活动。二说由白虎神、巴渝舞演变发展而来。三说起源于战争。四说土家人生性喜爱唱歌跳舞，摆手舞纯粹是土家人自我娱乐的一种艺术活动。五说是古代土家先民为了征服自然，抵抗外族入侵，便用一种“摆手”来强筋壮骨，逐渐演变成后来的摆手舞。总之，从摆手舞的内容和特征上看，摆手舞应起源于人们的劳动和社会实践，这是古今中外艺术产生的共同规律。

双凤村的摆手舞定于农历正月初三以后跳（必须是单日子，一般定在初三或初五）。传说，土家人跳摆手舞可免遭病患之灾。一到正月初三，“七寨半”都会派人到双凤村来跳摆手舞，一寨要跳 1 天。有时，召且寨由于路途远，未能来，其他 7 个寨的人就帮召且寨跳一晚。

按照规矩，双凤村的摆手堂中供奉有三尊神像，分别是“彭公爵主”“向老官人”和“田好汉”。“彭公爵主”是“土司王”，“向老官人”和“田好汉”是土司王的丞相。摆手活动的一个重要目的就是祭祀这三尊神像。

双凤村的摆手舞，其动作主要是展现生产生活的方方面面，主要有：砍火畲、叉卡子、撒小米、接麻、挽麻团、吃豆酱、冰口痛、抖虱子、牛打架、打蚊子等。此外，舞

土家摆手舞（2021 年）　　张小红　摄

男女老幼同跳摆手舞（1999年） 李永生 摄

土家摆手舞（2014年） 卢瑞生 摄

蹈中最基本的过门动作是单摆、双摆和回旋摆，它们是每个生产活动中都要用到的，任何一个具体动作都要以此来连贯。跳摆手舞时主要是用锣鼓伴奏，节奏不同，动作也不同，每个人都得听从锣鼓的指挥，依节奏而摆。动作变换与否由打锣鼓人决定，一旦敲出变换锣音，大家不用开口，都明白要做何种动作变换。摆手舞的一大特点是摆动时都是脚手同向，即左脚左手、右手右脚；整个舞蹈过程中没有直腿，都要屈膝；也不是挺胸抬头，而是缩身下屈。摆手的幅度较小，手的高度不举过肩膀，动作线条粗犷有力。

“摆手舞”几组动作的具体跳法和鼓点节奏，由县级摆手舞传承人田义元与村民符桂英表演。

**单摆伴奏口诀**

2/4 ‖: 点点 | 点 咚咚 | 点咚 乙咚 | 板 咚 : ‖

“点”为敲锣，“咚”为敲鼓，“乙”为敲鼓边，“板”为锣鼓一起敲。

跳法：1. 右脚先向前一步，同时双手随身体向右摆动；2. 接着左脚向前一步，双手随身体摆向左边；3. 第三步又换为右脚，重复第一步动作；4. 左脚上前与右脚在同一水平线，点地，同时身体转至右边，重点落在左脚；5. 右脚抬起半寸高，双手抬起约25度，在右脚落地的瞬时，双膝闪动一次，同时双手由身体两侧自然向下摆出；6. 换右脚点地，重心落在右边，左脚抬起半寸高，双手抬起25度左右，在左脚落地瞬间，双膝闪动，双手由身体两侧自然向下摆出。

**双摆伴奏口诀**

2/4 ‖: 点点 | 点 咚咚 | 点咚 乙咚 | 板 咚 | 点咚 乙咚 | 板 咚 : ‖

跳法：与单摆动作一样，只是最后左右各一次的点地摆手动作要重复做一遍，即左右各摆两次。

回旋摆伴奏口诀

2/4 ‖: 点 咚 | 板 咚 | 点咚 乙咚 | 板 咚 : ‖

跳法：1. 右脚向前迈一步，双手随身体向右摆动；2. 左脚向前迈一步，双手与身体一同向左摆动；3. 身体逆时针旋转 180 度，重点落在右脚；4. 左脚抬起半寸高，双手抬起 25 度，在左脚落地的瞬间，双膝闪动，双手由身体两侧自然向下摆出；5. 做与以前对称的动作。

砍火畬伴奏口诀

2/4 ‖: 点 点 | 点 咚 | 点咚 乙咚 | 板 咚 : ‖

跳法：1. 右脚屈膝向右旁迈出，左脚收右脚旁，脚背贴于右脚小腿上方，双手手心朝下，右手向右斜上方直伸出，左手屈时于胸前，手掌超过肩，眼看右手；2. 左脚落地，双手拉回，左手至左侧下方，右手抬至胸前；3. 右脚收回成正步，双腿屈膝，同时

摆手舞“单摆”（2018 年）　　蒲忠胜　摄

摆手舞“双摆”（2018 年）　　蒲忠胜　摄

摆手舞“砍火畬”（2018 年）　　蒲忠胜　摄

摆手舞“叉卡子”（2018 年）　　蒲忠胜　摄

摆手舞“撒小米”（2018 年）　　蒲忠胜　摄

摆手舞“接麻”（2018 年）　　蒲忠胜　摄

摆手舞“挽麻团”（2018 年）　　蒲忠胜　摄

摆手舞“吃豆酱”（2018 年）　　蒲忠胜　摄

向右转 3/4 圈，双手向右画半圈后分开向后甩动，手心相对；4. 双腿膝盖伸直，双手朝后甩动；5. 做与前四步对称的动作。

**叉卡子伴奏口诀**

2/4 ‖: 点 咚 | 板 咚 | 点咚 乙咚 | 板 咚 : ‖

跳法：双手握木叉，左手在前，右手在后，左脚向左前方跨出 30 厘米，同时双手向左前方伸出，作叉卡子状，手脚同步连续叉卡子两次后，双手下垂摊开，左右各摆一次。

**撒小米伴奏口诀**

2/4 ‖: 点 0 | 点 点 | 点 咚 | 点 咚 乙 咚 | 板 咚 : ‖

跳法：左手弯曲于胸前，手掌半握小米种子状态，右手在左手中连续做抓种、撒种动作三次，同时，右脚与抓种动作合拍，连续跨出三次，左脚紧跟右脚三次，双手下垂摊开，左右各摆一次。

**接麻伴奏口诀**

2/4 ‖: 点 点 · | 点 点 · | 点 点 · | 点咚 乙咚 | 板 咚 : ‖

摆手舞“冰口痛”（2018 年） 蒲忠胜 摄

摆手舞“抖虱子”（2018 年） 蒲忠胜 摄

摆手舞“牛打架”（2018 年） 蒲忠胜 摄

摆手舞“打蚊子”（2018 年） 蒲忠胜 摄

跳法：双手在嘴边做左右破麻线姿势三次后，双手下垂摊开，左右各摆动一次。

挽麻团伴奏口诀

2/4 ‖: 点点 点 | 点点 点 | 点咚 乙咚 | 板咚 :‖

跳法：弯腰屈膝，双手握成拳头，在胸前互相绕着转动三下，然后进入正常摆手。

吃豆酱伴奏口诀

2/4 ‖: 点点 · | 点点 · | 点点 · | 咚咚 · | 咚咚 · | 咚咚 · | 点咚 乙咚 | 板咚 :‖

跳法：双脚站成弓字步，左手叉腰，右手在一旁舀豆酱往嘴里喂，舀三下，喂三下。舀的时候，重心向前，左脚屈膝，右腿伸直，成前弓步；喂的时候，重点落在后面的右脚上，右腿屈膝，左腿伸直，然后进入正常摆手。

冰口痛伴奏口诀

2/4 ‖: 点点 · 点 | 点点 · 点 | 点点 · 点 | 点咚 乙咚 | 板 咚 :‖

跳法：左手叉腰，双脚微屈，右手压在右脚膝盖上，右脚向前迈出 30 厘米，左脚紧跟右脚连续三次，双手下垂摊开，左右各摆动一次。

**抖虱子伴奏口诀**

2/4 ‖: 点点点点 点点点点 | 点 咚 | 板 咚 : ‖

跳法：双手握拳提起于腰际，前后摆动，双脚向前小跑做抖虱子动作，然后双手下垂摊开，左右各摆动一次。

**牛打架（双人动作）伴奏口诀**

2/4 ‖: 点咚 咚 | 板咚 咚 | 点咚 乙咚 | 板咚 咚 : ‖

跳法：1. 左脚原地跳一步，右脚勾脚向左前踢出 45 度，向右拧身，稍扣右腰，眼对视，双手合拱向前推出；2. 做与第一步的对称动作；3. 右脚向左前一步，屈膝弯腰，向左跳转半圈，两人换位；4. 转身后左脚勾脚向右前踢出 45 度，向左拧身，稍扣左腰，眼对视，双手合拱，向右前推出，两人换位，重复进行。

**打蚊子伴奏口诀**

2/4 ‖: 点 点 | 点 咚咚 | 点咚 乙咚 | 板 咚 : ‖

跳法：右脚在前，左脚在后，搓三步，同时手在头上举直，拍三下，然后两手下垂摊开，左右各摆一次。

除了上述生产生活舞动作之外，双凤村民经常跳的动作还有祭神舞、降神舞、娱神舞、驱祟舞、性器舞、军事舞等。

**摆手舞挖掘复兴** 民国时期，具有悠久历史的土家族摆手舞表演与传承在双凤村，乃至永顺县曾一度中断。20 世纪 50 年代初，双凤村的摆手舞表演活动一直未能开展，处于停顿状态。

1953 年秋，土家族作为单一民族尚没得到中央政府确认，土家人也为自己民族身份的认定不断寻求相关依据。除了强调有自己的语言外，还要强调有独特的生活习俗和民族艺术。永顺县文化馆馆长刘本清与一位从中南民族学院毕业回乡的同学交谈后，想到在永顺县境曾经有过摆手舞，认为这应当也是土家族作为一个少数民族的重要明证。可在当年的永顺县内没有看到摆手舞活动，无人表演摆手舞。但他们的印象中双凤村可能还有人会跳，于是就派县文化馆艺术专干唐天霞前往双凤村调查。

唐天霞深入双凤村后，经初步走访调查，发现该村能跳摆手舞和毛古斯舞的仅有一位年过花甲的田姓老人，见过别人表演的也只有两位老人，其中一位是彭家齐的母亲。村民们听说跳摆手舞和自己确认民族身份有关，也就纷纷踊跃参与。为了解摆手舞的舞姿和内涵，唐天霞多次召开座谈会。请与会者回忆摆手舞到底有哪些动作，反映的内容都是些什么。通过座谈，唐天霞得知该舞蹈是反映生产生活的，是积极向上的，而且她认为摆手舞非常具有地域性、民族性和艺术性，应当予以传承。于是，她就在双凤学跳摆手舞，请会跳的老人教她。老人边教边想边跳，力求舞姿动作完美，一连学跳好几天。唐天霞学会之后，就教彭家齐、彭英威、田仁信等人。后来，他们又教村里的年轻人。当时发掘出十几个动作。据唐天霞说，现在的动作与当时挖掘整理的动作已经有了一些变化。现在的摆手舞已经没有原来的那样粗犷原始了，添加了现代的艺术成分。

1954 年，村里的十几个人参加永顺县少数民族民间文艺会演。是年冬，县文化馆从双凤村选出田仁信、彭英威、彭若兰、彭金玉 4 人，由唐天霞带队，代表永顺县参加湘西苗族自治区（时年，土家族未被承认，自治州未成立）举办的文艺会演，引起轰动，荣获一等奖，并获锦旗一面。至此，摆手舞从摆手堂走上文艺舞台。

1957 年春，田仁信、彭若兰等被湖南省选送到北京参加文艺会演。他们在中南海怀仁堂、北京市工人俱乐部表演摆手舞等土家族舞蹈。

1957 年 9 月，湘西土家族苗族自治州成立。湖北恩施专区文化参观团到湘西州参观学习。其间，参观团一行徒步来到双凤村，学习观看摆手舞，给参观团成员留下深刻印象。1964 年春节期间，县文化馆馆长方永斌带领唐天霞、吴绩森等人到双凤村组织大型摆手舞活动，一同前往双凤的还有县城商业部门工作人员等。其后不久，龙山、湖北恩施等地的土家族兄弟姐妹先后来到双凤村学跳摆手舞。摆手舞又一次在土家地区活跃起来。

“文化大革命”期间，土家摆手舞被当作“四旧”破除，摆手舞传承和活动再次中断。1978 年，中共十一届三中全会召开以后，民族文化获得新生，土家摆手舞重新活跃。当时，会跳摆手舞、毛古斯舞的人不多，两种土家族特色舞蹈濒临失传。为走出摆手舞的传承困境，永顺县委、县政府把土家摆手舞保护工作列入议事日程。1984 年年初，县政府专门请双凤村的田仁信、彭武栋等 3 人到县文化馆教摆手舞，并组织县直机关干部学跳摆手舞。

1984 年，县人民政府又组织 30 多人的工作组深入和平乡（摆手舞之乡）的双凤村及其他各村开展摆手舞培训工作。工作组分为 5 个小组在全乡 5 个村的学校组织学生学跳摆手舞。由唐天霞、田仁信等人负责教学。到了土家族传统节日“六月六”这天，和平乡 11 个摆手舞代表队 750 多人参加摆手舞大赛，观看者达 5000 余人。之后，永顺县领导继续组织干部学跳摆手舞，当年全县上下掀起学跳摆手舞的热潮。

10 月，永顺县举行“万人摆手迎国庆”活动，双凤村组队全程参与。自此土家摆手舞美名享誉省内外。18 家中央新闻媒体记者采访团到湘西采访，并专程到和平乡观看摆手舞表演。

1990 年 11 月，湖北民族学院曾经在恩施州召开的全国土家族学术研讨会上，专门到永顺县邀请田仁信、彭英威、彭振扬等 6 人表演摆手舞。1992 年，在永顺县举办的首届“猛洞河漂流月”开幕式上，1000 多名土家儿女在县城大坝坪广场同跳摆手舞，把漂流月活动推向高潮。

2003 年，北京民族园土家山寨举办“舍巴节”。田仁信、彭英威等几位老人被邀请到北京，在土家山寨表演摆手舞、毛古斯舞。

少年学跳摆手舞（2015 年） 李永生 摄

## 毛古斯舞

2006年，入选第一批国家级非物质文化遗产名录。双凤村毛古斯舞戏目繁多，内容古朴，极富特色，至2018年，有5个保留戏目，分为7晚演出，有的戏目因剧情需要，经常重演。

**戏目成分** 毛古斯登场以后所演绎的节目都算作戏目的话（因为是化身表演），那么祭祖里的仪式便成了戏目中的有机组成部分。每晚上演的那一套戏目实际上是一个祭祀项目系列，或称为祭祀系列剧。例如《赶肉》剧中，借山、敬梅山神、扫邪、开山、理脚迹、围猎、散毛等，各自为狩猎的程序之一，联演又成为一个祭祀系列。

**艺术形式** 毛古斯舞有人物对白和独白，有人物的对唱、合唱和独唱，有人物的群舞和独舞，其中有的对白被框定和规范，例如老毛古斯和嘎梅嫁关于这支先民迁徙、生活的对话，每晚每场戏都要放在毛古斯舞的开场，作一成不变的重复。其舞蹈部分常常在同一小节、同一段落中重复一些基本动作。每段舞蹈完结之后可作任意的停顿，何时进行下一个舞蹈由掌堂师视当时的基本情况而决定，其歌唱部分一般由戏中人把握，碰到实力（歌才子）相当的对手，可以唱上半个小时，其余的毛古斯则原地休息。歌停后，接演下一场的戏。有些祭祀口词则按一定仪式和唱曲吟唱。

**情节结构** 每个戏目有比较单一的发展线索和比较简单的戏剧故事。它同其他的仪式一样被纳入比较板滞的祭祀活动之中。各个戏目的上演顺序也有一定之规，大体按历史的进程作出安排，后人不得随意调整或更换。

双凤毛古斯凡被扎草服者被视为祖先。拔步卡、沃必爹等一出场，摆手舞必须马上停止，村民们必须互相低语："祖先爷来了，祖先爷来了"，顿时全场肃静，观众屏息。

拔步卡，即祖公。赤体，身披草服，头戴遮面草冠，弓腰驼背，步履蹒跚，双膝微屈，臀部下沉，浑身颤抖，言语结巴。行动非常迟钝，如远古猿人般，是毛古斯的男主角。

拔你，即祖母。改土归流之前由女人扮演，之后认为女人赤体登场有伤大雅，改由男人扮演。为示区别，一般让拔你扮演者草冠上的草辫（表示发辫）盘旋于头顶，别以木簪，形如椎髻，此角色只在《抢亲》一部戏出场。

洛咖尼，祖公的女儿。着草裙，颇具歌才。

沃必爹，祖公的儿孙群体。装束、言语行动等与拔步卡无异，只是机灵好动，行为鄙陋，语言粗野。登场之后几乎一刻也未停顿过。他们在不同的戏目里扮演不同的角色，在《做阳春》里扮演农神，在《赶肉》里扮演猎神，在《捕鱼》里扮演渔神。

毛古斯演员的装束无须更换，有歌舞技艺或戏剧表演能力的演员可在规定的场面里尽情发挥。演出有几点禁忌：演出之前，掌坛师或掌堂师祭祖请神时，忌闻猫声；毛古斯扮演者忌让观众看出自己是谁或叫出自己的名字；忌外村人进入摆手堂内。当梯玛唱先民迁徙歌时，最忌让外人知晓。先民是避难隐居双凤的，让别人知晓隐情，将有被冤家追杀之虞。千百年后虽然冤仇被流逝的岁月冲淡或化解了，但这已相沿成习，后人不得更改。为杜绝外人观瞻，常在摆手堂外立下十余块或几十块界碑。

**毛古斯舞戏目**

双凤村毛古斯舞有《做阳春》《赶肉》《捕鱼》《抢亲》四大戏目。

《做阳春》

基本步骤、情节如下：

（一）讨地。拔步卡带领众沃必爹向嘎梅嫁找地种小米。两人进行一段被认为是反映这支先民迁徙生活的对话。众沃必爹被召唤上场，嘎梅嫁问他们谁是父亲。他们争着说自己是父亲，其实他们不仅找不到父亲，就连姓氏也没有。

（二）敬祖先。嘎梅嫁讨地之后，他们便举行敬祖先的仪式。拔步卡双手握着三炷香，夹在裤裆下，口里念念有词，弯着腰冲向神堂，跪地朝天作揖。众沃必爹亦仿此举动敬神，如此反复三次。

毛古斯舞“讨地”（2016 年） 袁立新 摄

毛古斯舞“砍火畬”（2016 年）　　袁立新　摄

（三）扫邪。敬祖完毕，拔步卡便挥动竹扫帚，在坛前做向内外扫除的动作，边扫边念台词：要扫出神堂、扫出村民生活范畴的是给人们带来灾难的小鬼、牛瘟、马瘟、虎咬蛇啄等，以及打牌赌博、骗人欺人的坏人。要扫进神堂扫进村民家庭的是丰登的五谷，是六畜兴旺、添人添丁的吉兆。

（四）砍火畬。土家语为“野炸”。他们挥动木棒做砍刺、砍草、捆卡子、掀卡子等生产动作。接着“熛山”，土家语为“也飘”。拔步卡抱着火把绕着神坛兜圈子，沃必爹随后扑灭野火。然后，大家挥动木棒挖土。

（五）种小米。

（六）收获小米。

（七）打小米粑。

（八）其他生产，如栽麻、剥麻、接麻、纺纱、牵纱、织布、缝衣等。

（九）辞神。掌堂师向祖先言明今晚毛古斯舞演出与摆手舞活动节目到此收场，明晚再继续演出。

《赶肉》

步骤与《做阳春》类似，敬祖先、扫邪、辞神三项不变，将讨地改为讨山。

其他基本情节如下：

（一）拔步卡召集沃必爹说要去赶肉，众做磨刀、上刀把子等状，做攀岩上山状。

（二）敬梅山。拔步卡用三块石板搭起梅山神堂，将七根茅草扎一“又”字形的草阴，象征梅山女神，用小石块将草阴压在梅山神堂顶，或用七张纸钱卷三炷香压在岩屋上，众人念请梅山神咒。咒语大意是：请梅山神帮助、显灵，猎物上天，你到天上挡到；猎物钻地，你在地下卡到，让它掉进我的卡子里，让它碰到我的枪口上。

拔步卡领沃必爹念扫山咒。咒语大意为：神帚一出，收尽天气、地气（气为烟雾），收尽天地间的烟雾，让眼睛能洞察猎物的出没；收人影、鬼影、藤影、树影、岩影，使猎物不被惊动，让眼睛不受各种阴影的遮挡；扫帚两边扫，从悬崖陡坎中扫出一条大路，平坦的大道，大的猎物不许跨过，小的不许打脱。

（三）放猎犬进山。

（四）理野兽脚迹舞。

（五）追野兽舞。

（六）拔步卡念催山咒。咒语大意是：猎物已进入狩猎圈之中，但其兽凶猛，行动迅疾，请梅山神催动猎物尽快落网就擒（此时拔步卡用牙将鸡喉管咬破，将血淋在梅山神堂上，作为给梅山神的酬谢）。拔步卡接着重念一遍，强调：弟子躲在云层，雾大好藏身，远不见，近不明，弟子单见蚊子精。万里山河好藏身，弟子变成绣花针，人眼不见，鬼见不明。当猎物游走在套、卡、

毛古斯舞“敬梅山”（2016 年）　袁立新 摄

毛古斯舞“催山”（2016 年）　袁立新 摄

毛古斯舞“抬野兽回家”（2016 年）　袁立新 摄

网之外而无法逮住时，拔步卡则又念下段祭词：弟子手拿催山鸡，上不催天，下不催地，不催自己的影身，单催黑猫野猪，五色花肉，飞禽走兽，一笔勾销，自受灵水。飞禽走兽，雄鸡麂子，不能东走西走，跳进我的眼睛，跳进我的嘴里。

（七）沃必爹跳迂回追、围猎等舞。

（八）猎物发现了套、网或其他迹象而远离之时，沃必爹需默念扫套咒。咒语大意是：将五路游神扫除他乡，蛇虎扫到万里深坑、万里青山，山羊、麂子等百般五色花肉扫进套中。

（九）网兽。此时一人反穿皮褂子装野兽，窜进场内被套住，沃必爹将扮兽者双手双脚分别捆住，将木杠穿过手脚，抬至梅山神堂前。

（十）剥皮、散毛、谢梅山神。

（十一）沃必爹举起兽皮，跳起摆手舞。

（十二）孤鲁子[①]，土家语叫“帕卡”，骗取兽皮。

《捕鱼》

基本情节如下：

（一）沃必爹与嘎梅嫁进行民族迁徙的问答。

（二）敬祖先。

（三）扫邪。

（四）拔步卡用竹编的鸡笼罩子与众沃必爹在塘里罩鱼。

（五）沃必爹甲扮渔翁，戴斗笠，穿蓑衣，坐在塘边钓鱼，神态悠然自得。沃必爹乙扮打鱼郎，撒网在塘边，打了几网，均无所获。

（六）拔步卡问打鱼郎为何打不到鱼，众沃必爹回答：他下不得水，他的行头太大了。

（七）沃必爹作捕鱼、撒网、搬罾、泅水嬉闹等表演，或用树叶当鱼，或用真鱼表演。

（八）孤鲁子悄悄上场，发现鱼很多，便假装买鱼，讨价还价，用树叶一叠当钱塞给拔步卡，便想提网捕鱼，众人追打这孤鲁子。

《抢亲》

这一部戏比较真实地再现了土家族处于原始部落时期的群婚状况。基本情节如下：

（一）拔步卡与沃必爹进行民族迁徙的一场对话。

---

① 孤鲁子：骗子。

毛古斯舞《捕鱼》( 2016 年 )　　袁立新　摄

毛古斯舞《抢亲》( 2016 年 )　　袁立新　摄

（二）敬祖先。

（三）扫邪。扫毕，围坐烧火。

（四）拔你带着洛咖尼挑葱上场，沃必爹争着与之对歌（场外群女可参与）。

（五）歌停，沃必爹一拥而上，有两人以手搭轿，另两人将洛咖尼抢上轿，抬着绕场三圈。余者击打石块，尾随其后。"打溜子"之声尤为欢快。

（六）沃必爹争着与洛咖尼拜天地，为此相互打斗，洛咖尼与拔你冷眼旁观。

（七）沃必爹甲最终击败所有竞争者，把洛咖尼抢在怀里，拜天地，拜拔步卡、拔你。其他沃必爹围着他们四人跳起摆手舞。节目有单摆、吃豆酱、打蚊子、水牛打架等。

据说以前在演这部戏时摆手堂十分热闹，擅长对歌的村民都可进场对歌，剧中人这时要停止演戏，让村民们唱个够。争新娘比武这段戏也可以任意延长。比武的内容为：

抵杠。即用一根粗大木杠抵在双方的胸部，两人使劲往前抵，以将对方抵出界线为赢。

摔抱腰（儿）。方法是两人相互抱着腰，用肩膀相互抵住对方的胸部。拔步卡宣布开始，两人同时用力，设法将对方摔倒。常用的技巧有勾勾脚（即用脚勾绊住对方踝关节）、旱地拔葱（即将对方抱起来搬在肩上）、金龙抱柱（即双手用力抱住对方腰的同时，胸、肩用力向前顶住对方胸部）、顺手牵羊（即借对方力量顺势摔倒对方）等。

射竹箭。以箭射中靶子为胜者。

**哭嫁歌**　2011 年 5 月，入选第三批国家级非物质文化遗产名录。双凤村整个婚嫁过程中，最有特色的就是哭嫁一节。清代、民国时期，新娘在出嫁前将近一个月的时间里，一直由母亲、嫂嫂、婶婶、伯母等已婚妇女以及和自己相处甚好的未出嫁的小姐妹们陪同哭唱。哭唱的内容包括哭离别、哭梳头、哭辞别祖宗、骂媒人等。哭嫁歌表达了对父母养育之恩的深深感激，对兄弟姐妹的依依不舍，出嫁后从此不能奉养父母的深深歉意。母亲也会陪着女儿一起哭，告诫女儿做媳妇之道，教导女儿在婆家要好好侍奉公公婆婆、丈夫、小叔等婆家人。

土家族人哭嫁是一种极富人情味和艺术性的礼仪程序，每哭嫁一场后，大家擦干眼泪，又聚在一起说说笑笑起来。

哭嫁歌主要内容为“骂媒人”“母女对哭”“妹嫂对哭”“姐妹对哭”“哭戴花”“哭

母女对哭（2021 年）　　张永红　摄

哭别祖宗（2014 年）　　卢瑞生　摄

扯眉花”“哭梳头”“哭穿露水衣”“哭离娘席”“哭别祖宗”“哭上轿”11 个部分。

双凤村土家族的新姑娘哭嫁一直要哭到婚期，在哭嫁期间，家庭和亲友要轮流请新姑娘吃一顿丰盛的饭，叫作“送嫁饭”，以表示惜别之情。长辈们要赠给“哭钱”。

双凤村土家族婚嫁中的哭嫁习俗在 20 世纪 50 年代后，逐渐开始简化，哭嫁时间从一个月缩短到半个月，甚至是一个星期或三五天。

**打溜子** 2006 年，土家族打溜子列入第一批国家级非物质文化遗产名录。双凤村有一支打溜子的队伍，至今仍然保留着精湛的演奏技艺。土家族打溜子是一种古老的民间器乐合奏，它历史悠久，曲牌繁多，技艺精湛，表现力丰富，是土家族独有的艺术形式。

土家族打溜子与土家人的生活密切相关。土家人的婚嫁、寿诞离不开打溜子，年节喜庆要打溜子，特别是土家族的传统“舍巴日”更是少不了打溜子。打溜子由溜子锣、唢呐、头钹、二钹、马锣组成乐队，能将各类乐器的技巧融于一体，并充分发挥每件乐器的演奏和合奏技艺。双凤村打溜子的内容可分为绘声、绘神、绘意三大类。绘声类如《鲤鱼飙滩》《燕儿拍翅》等，绘神类如《小纺车》《闹年关》等，绘意类如《四季发财》《观音坐莲》等，此外还有《安庆》《迎风》《八哥洗澡》《画眉跳杆》《双龙出洞》《古树盘根》《扭插秧》等代表性传统曲目。

**非遗传承** 20 世纪 50 年代，双凤村就成立有摆手舞等土家族艺术表演组织，有基本的人员队伍。2008 年，正式成立双凤村土家族非物质文化遗产项目传承表演队，队伍总人数 110 人。其中妇女协会 15 人，以表演土家族哭嫁为主。表演时，根据项目需要，人员有多有少。少时二三人、三四人，多时几十人、上百人不等。表演打溜子只要三四

土家族打溜子（2016 年）

土家族姑娘学摆手（2018 年）

人；表演哭嫁，少则几人，多则十几人；表演毛古斯舞，少则好几人，多则几十人；表演摆手舞，少则几十人，多则上百人、几百人，视场地而定。

至 2018 年年底，双凤村共有国家、省、州县级非物质文化遗产传承人 9 人，先后到北京等地参加节庆演出。

双凤村土家族非物质文化遗产项目传承人一览表

表 5

| 姓名 | 性别 | 出生年份 | 级别 | 传承项目 |
|---|---|---|---|---|
| 彭英威 | 男 | 1933 | 国家级 | 2007 年，被文化部列入土家族毛古斯舞传承人 |
| 田仁信 | 男 | 1933 | 国家级 | 2008 年 6 月，被文化部列入非遗文化土家族摆手舞传承人 |
| 严水花 | 女 | 1962 | 国家级 | 2018 年 5 月，被文化部列入非遗文化土家族哭嫁歌传承人 |
| 彭英宣 | 男 | 1934 | 省级 | 2014 年 5 月，被省文化厅列入非遗文化土家族毛古斯舞传承人 |
| 田岩华 | 男 | 1962 | 州级 | 2015 年 9 月，被州政府列入州级非遗文化土家族毛古斯舞传承人 |
| 彭书珍 | 女 | 1975 | 县级 | 2013 年 8 月，被县政府列入县级非遗文化土家族摆手舞传承人 |
| 彭家海 | 男 | 1953 | 县级 | 2013 年 8 月，被县政府列入县级非遗文化土家族摆手舞传承人 |
| 田水香 | 女 | 1966 | 县级 | 2013 年 12 月，被县政府列入县级非遗文化土家族摆手舞传承人 |
| 田义元 | 男 | 1957 | 县级 | 2018 年 6 月，被县政府列入县级非遗文化土家族摆手舞传承人 |

2003 年 4 月，彭英威、田仁信、彭家齐等应北京中华民族园邀请，到园内土家山寨参加土家族“舍巴节”活动。2008 年 8 月 8 日，双凤村村民彭英宣参加永顺县组织

的 100 人的毛古斯舞表演队到北京参加奥运会开幕式前文艺表演。2012 年 7 月 19 日，双凤村土家族非物质文化遗产项目传承表演队，为阿尔及利亚、安哥拉、贝宁等 24 个国家的农业专家教授表演摆手舞、毛古斯舞、打溜子、哭嫁歌等项目。2012 年 10 月 23 日，香港卫视编导王鲁湘到双凤村拍摄电视片。2012 年 11 月 18 日，双凤村 30 多人参加首届中国凤凰国际民俗摄影节暨中国国际摄影双年展开幕式，并表演了毛古斯舞。2014 年 10 月，双凤村毛古斯舞表演队 30 多人参加“武陵山区湘西土家族苗族自治州生态文化保护节”的演出。2015 年 1 月 27 日，双凤村非物质文化遗产项目传承表演队为中央电视台中文国际频道摄制组表演毛古斯舞，摄制组在双凤村拍摄《记住乡愁》《双凤村——敬畏之心》电视片。2018 年 5 月 4 日，国家民族事务委员会、国家新闻出版署《风情中国》纪录片摄制组肖锋一行到双凤村拍摄土家风情节目。2018 年 6 月，中央电视台《中国影像方志》摄制组到双凤村拍摄双凤村土家族非物质文化遗产项目传承表演队表演的土家族摆手舞、毛古斯舞、哭嫁歌、婚嫁习俗拦门等节目。是年 7 月 22 日、8 月 4 日、8 月 14 日，双凤村土家族非物质文化遗产项目传承表演队 110 人在村内土家族摆手堂，分别为参加清华大学亲子活动的 80 人表演土家族摆手舞、毛古斯舞、哭嫁歌、打溜子、山歌、土家族婚俗拦门等节目。

非遗项目传承培训（2018 年）

## ◉ 土家族语言

**语言特征**　土家语采用一种倒言句方式，土家语中主语、谓语、宾语不像汉语那样有固定的前后顺序。例如：未吃早饭前，两人在路上相遇，见面便问：“吃饭没有？”而双凤土家语为“直嘎了太”，“直”是“饭”，“嘎了”是“吃了”，“太”是“没有”。

土家语中的某一字、词或词组有多种含义。例如：“阿”一般表示“我”；有时表示

土家族村民交谈（2018 年）　　　　蒲忠胜　摄

“写”，如“哧词阿了太”意思是“写字了没有”；有时表示“下”，如“阿丢了太”意思是“下来没有”；有时表示“内、外”，如“阿透”即“内面、里面”，“阿塔”即“外面、外头”。

土家族语言有土汉结合用词，因涉及地名、人名、国家政务及对上层领导的称呼等方面，难以用土家语言表达。如“双凤泊蛇次”，汉语为“去双凤旅游”。

**土家称谓**

祖父（爬铺）　　祖母［（啊（à）吧（ba）］

父亲［（啊（á）爸）］　　母亲（阿涅）

伯父（巴起）　　伯母（涅起）

叔叔（安杯）　　婶婶（安尼）

岳父（卡容）　　岳母（麻卖）

丈夫（啰巴）　　妻子（啰嘎涅）

哥哥（阿科）　　嫂嫂（插切）

姐姐（阿大）　　姐夫（阿左）

女婿（玛）　　女儿［必（啰）］

弟弟（安挨）　　妹妹（冗）

儿子（啰比）　　媳（扑）

侄儿［阿（惹）列］　　孙子［（惹）比］

孙女［（惹）比（郁）］

姑娘（麻妈）

妯娌（左把）

一家人（啰那措）

女人（跌扑）

小孩（玻琍）

好人（啰岔）

客人（玻搓）

亲戚朋友（左涅莫涅）

老师（坡嘎）

**日常用语**

**人体类**

头（科巴）

耳朵（嗯且）

额头（掐替克）

胡子（拉帕）

头发（沙起）

脸（故）

脖子（龚抵）

眉毛（洛布细介）

喉咙（空的）

眼睛（糯布）

眼珠（洛尺里）

肩膀（拍替客）

手（杰）

鼻子［（嗡）此］

胳膊（结诗拍）

舌头（泥拉）

牙齿（思思）

血（蔑）

大拇指［（惹）溪］

中指（卡洞）

食指［（惹）巴］

小指（特别）

**地理类**

地（里）

偏坡（巴咱）

坪土（比挑）

岩坎（阿杀）

水（泽）

土坎（他卡）

水沟（泽拉）

山（苦咱）

岩头（阿八）

坳（客好）

水井（泽猛）

森林（卡可）

路（拉）

屋场（挫咱）

田（时沟里）

河里（湖炮）

寨子（卵由）

水潭（泽彭）

**天文类**

天（墨）
太阳（牢池）
月亮（叔叔）
星子（面布利）
打雷（墨玉拉撇）
风（热书）
下雨（墨则则）
霜（补里）
雾（所拍）
冰雹（底早布里）

**时间类**

年（龙）
今年（龙败）
去年（弄弄摆）
后年（迷可）
明年（拉壳）
月（死）
日（业）
今天（乃）
昨天（卜宜）
明天（劳几）
后天（命业）
白天（天鸟）
早上（早古爹）
夜里（南其）
现在（木南）
从前（抵嘎）

**生活类**

衣服（洗巴）
袖子（借结）
鞋子（撮谢）
线（统蒙）
油（时诗）
菜（哈扯）
盐（那布）
豆腐（迭嘿）
猪肉（纸实）
黄豆（气布）
萝卜（拉白）
芋头（泥布）
米［直（惹）］
大米饭（师立直）
柑橘（切西）
糯米［起（惹）］
辣椒［爬（若）枯］
葡萄（伴列西）
梨（白列西）
糖粆（沙迷）
板栗（熟西）
筷子（布直）
碗（且毕）
刀子（托托）
柴（掐）
锅子（塔谷）

水瓢（那他）

坛子（梯谷）

茶叶［（茶）枯］

桌子（夕铁）

椅子（搓客）

锅铲（爬数）

煮饭（直啰）

洗澡（泽咱）

喝酒（热胡）

吃菜（哈泽嘎）

**数词类**

双凤村土家语方言中，表基数的只有十个音节：

| | | | | |
|---|---|---|---|---|
| 一 | 二 | 三 | 四 | 五 |
| （那） | （捏） | （梭） | （惹） | （翁） |
| 六 | 七 | 八 | 九 | 十 |
| （恶） | （客） | （也） | （戈） | （嘿） |

这十个音节，只是基数的词素，不能单独使用，必须同量词“布”相结合，才能表达数量。

一个（那布）

二个（捏布）

三个（梭布）

四个（惹布）

五个（翁布）

六个（恶布）

七个（客布）

八个（也布）

九个（戈布）

十个（嘿布）

# ◉ 双凤方言

## 乡土词汇

双凤方言与词义对照表

表 6

| 词汇 | 词义 |
|---|---|
| 郎 | 女婿 |
| 冒 | 天阴，要下雨 |
| 佬佬 | ①儿子；②弟弟；③男孩 |
| 外外 | 外甥 |

续表 6

| 词汇 | 词义 |
| --- | --- |
| 后家 | 媳妇的娘家 |
| 大使（sí） | 大伙、大家。例：大使一起干活 |
| 寡话 | 空话，只说不做。例：他是一个寡话客，说的话信不得 |
| 班辈 | 行辈、辈分 |
| 猴心 | 贪婪、自私 |
| 坐月 | 女人分娩的休养期 |
| 朝门 | 房子院墙的大门 |
| 亮门 | 窗户 |
| 廊场 | 地点、地方 |
| 火坑 | 火塘、烧火取暖的地方 |
| 笼窠（kuò） | 草丛、刺篷 |
| 罩子 | 雾 |
| 腻夹（gā） | 身上的污垢 |
| 帕子 | 毛巾 |
| 叉口 | 布袋 |
| 猫头 | 斧头 |
| 溜子 | 土家打击乐器，指钹与锣 |
| 阴米 | 糯米蒸熟后晒干的颗粒 |
| 菌子 | 蘑菇 |
| 精肉 | 瘦肉 |
| 北瓜 | 南瓜 |
| 和渣 | 黄豆磨成浆后加细菜叶煮成的菜 |
| 平坝 | 平地、平原 |
| 逢场 | 轮到有集市的日子 |
| 隆夜 | 连夜、通宵 |
| 中界（gāi） | 中午 |
| 手信 | 走访亲朋好友带去的礼物 |
| 阳春 | 务农 |
| 艺口 | 劳动生产中标准模式的起始处 |
| 老屋 | 棺木 |

续表 6

| 词汇 | 词义 |
| --- | --- |
| 夜猫子 | 比喻晚上玩到深夜不睡的人 |
| 化生子 | ①败家子；②短命的人 |
| 糯米砣 | 做事拖拉，软弱，不坚持原则的人 |
| 穷骨头 | 指小腿骨，肉比较少，比喻贫穷之人 |
| 花脚猫 | 比喻喜欢东跑西颠的人 |
| 嗙屁虫 | 比喻气量小、容易生气的人，爱哭闹的小孩 |
| 四眼人 | 孕妇 |
| 磉礅岩 | 房屋柱子下面奠基的石礅 |
| 苞谷烧 | 用玉米酿制的烧酒 |
| 沙蚊子 | 细小如沙粒的吸血蚊 |
| 扯耳朵到不拢口 | 比喻办不到的事 |
| 崴（wǎi） | ①手脚扭伤；②走路不稳 |
| 蕻（gǒng） | 钻进去 |
| 舞 | 做、搞、弄。例：这技术活，我舞不来 |
| 唏 | 哭、闹、吵 |
| 炝（qiàng） | 渗透。例：这肉盐没炝进去，没盐味 |
| 靸（sá） | 脚后跟踩在鞋后跟上面 |
| 夿（qiá） | 用脚跨步最大的距离 |
| 搡（sáng） | 猛推 |
| 控（kǒng） | 把东西从容器中倒出来 |
| 捞 | 触摸。例：这展品只能看不能捞 |
| 撩（liáo） | 用刀剁断。例：把这竹竿撩成三节 |
| 捋（luō） | 寻找。例：捋个东西 |
| 梭（标） | 走（有逃跑之意）。例：会没开完，他就梭了 |
| 朋 | 蜂拥、聚集。例：街上行人一下子朋拢来围观 |
| 熛（piǎo） | 将物品在火上烧一下 |
| 撸 | 抱。例：撸把柴进来烧火 |
| 抬 | 拿、取。例：把笔抬来，我写字 |
| 短 | 拦截。例：你在岔路口上短住他 |
| 睓（bū） | 从缝隙中窥视 |

续表 6

| 词汇 | 词义 |
| --- | --- |
| 冲（cóng） | 怂恿。例：你不冲他，他是不敢这样做的 |
| 撍（cì） | ①伸。例：把手撍出来；②支使。例：大懒撍小懒；③搽。例：在伤口撍上点药 |
| 饶 | 揉、搓。例：把糯米饶成粑粑 |
| 犟（jiáng） | ①脾气倔强；②挣扎使脱 |
| 咍（hāi） | 玩耍 |
| 犍（jiān） | 对小猪阉割 |
| 边筐 | 向别人借钱物 |
| 打落 | 遗失 |
| 扳秋 | 说是非话 |
| 点水 | 偷偷地把不应该说的内情告诉给相关人 |
| 斗把 | 不怀好意、播弄是非 |
| 倒毛 | 故意不顺从，说反话 |
| 发猫 | 发脾气，使大力 |
| 放敞 | 不管，任其自由 |
| 赶场 | 赶集 |
| 加减 | ①拿定把握；②估算 |
| 显水 | 醒悟，知道真相 |
| 铰链 | 找麻烦，纠缠 |
| 刹果 | 事情的结果或结束 |
| 煞贴 | 打扮、收拾。例：她每次外出，都要煞贴一下 |
| 散心 | 开心 |
| 上山 | 送灵柩到墓地埋葬 |
| 伸腿 | 指人的死亡 |
| 脱皮 | ①钱财用完；②事情完结 |
| 捞饭 | 煮饭 |
| 下街 | 上街，到县城 |
| 在行 | ①听话；②能干；③守规矩 |
| 铺排 | 安排、指派 |
| 掌作 | 主持、领导、指挥 |
| 斗祸 | 挑起矛盾 |

续表 6

| 词汇 | 词义 |
|---|---|
| 赖床 | 睡醒后不起床 |
| 惯使 | 放纵、娇惯、溺爱 |
| 啰唸 | ①小儿哭闹；②做人不直爽 |
| 砍馆子 | 到宾馆、酒店请吃、赴宴 |
| 赶台子 | 赶到别人家吃饭（多指赴宴） |
| 涮坛子 | 开玩笑，寻开心 |
| 扯翘子 | 故意抬高自己身价 |
| 打平伙 | 共同出钱出物，共同享受 |
| 扯趟子 | 奔跑 |
| 剃光头 | 竞赛被全部淘汰，无任何名次 |
| 扯噗鼾 | 打鼾 |
| 引教（gào）头 | 带头干坏事或唆使小孩干坏事 |
| 使怯（qué）宝 | 捉弄人 |
| 讲经杆子 | 办事故意提苛刻条件 |
| 嚼牙巴骨 | 故意讲歪理 |
| 提空篓篓 | 一无所得 |
| 打话平伙 | 光说不行动 |
| 生（gà） | 性格怪、脾气不好。例：这孩子脾气生得很 |
| 梗（gěn） | 完整、整个 |
| 高 | 遍、满。例：到处找高了，也没有找到那件衣服 |
| 玛（mà） | 差、无能。例：这个人能力差做事玛得很 |
| 绵 | 有韧劲，耐性持久。例：他干活不休息，谁也绵不过他 |
| 乔 | 干燥的东西，因潮湿后再度变干但不平整 |
| 闹（lǎo） | 肥腻。例：肉太肥了，吃闹了 |
| 神 | 故弄玄虚 |
| 蚶（hàn） | 水没烧开。例：这水蚶蚶的不能喝 |
| 相因 | 便宜 |
| 揄贴 | ①事情安排妥当；②事情结束 |
| 匀均 | 匀称、均匀 |
| 装苕 | 假装不知道 |

续表 6

| 词汇 | 词义 |
| --- | --- |
| 焦干 | 很干燥 |
| 紧到 | 总是、老是 |
| 暗合 | 恰好、恰到好处 |
| 顺当 | 顺畅 |
| 通皮 | 知趣 |
| 怏 | 没精神 |
| 汪旦 | 吊儿郎当，不负责任 |
| 忘魂 | ①糊涂；②横蛮不讲理 |
| 般配 | 条件身份相当 |
| 打脚 | 鞋小，走路脚发疼 |
| 大疲 | 随随便便、拖拖拉拉、毫不在意、无所谓 |
| 该歪 | 该当倒霉，没好下场 |
| 刮毒 | 狠毒、歹毒 |
| 归一 | ①清楚；②结束；③确定。例：他俩结婚日子归一了 |
| 卖乖 | ①利用姿色或手段讨人喜欢；②讲别人喜欢听的话 |
| 乖致 | 漂亮 |
| 皮头 | 最上一层 |
| 偏生 | ①故意跟要求相反；②表述范围与“单单”同 |
| 撇（pié）脱 | 简单，洒脱 |
| 活络 | ①经济宽裕；②容易办成的事情；③老火的反义词 |
| 火色 | 机遇 |
| 块头 | 指人的个头大小 |
| 老靠 | 老练，可靠 |
| 老火 | ①严重、厉害；②事情难度大 |
| 撩撇 | ①简便；②迅速敏捷。例：他手脚撩撇 |
| 溜巴 | 做事动作快 |
| 趴杆 | 工作累极了，体力脑力消耗大 |
| 派赖 | 肮脏 |
| 肉乃乃 | 丰满、柔软 |
| 一趴拉二十四 | 全部、所有的 |

续表 6

| 词汇 | 词义 |
|---|---|
| 上好的 | 完好、很好 |
| 满冬冬 | 很满 |
| 冷咻咻 | 形容很冷 |
| 亮炸炸 | 物体明亮，闪烁发光 |
| 矮蒲蒲 | 很矮 |
| 打捞蹿 | 腿脚无力，走路不稳 |
| 恶腮腮 | 恶狠狠 |
| 小眉小眼 | 吝啬、不大方、小气 |
| 要扬不紧 | 慢吞吞的样子 |
| 神不笼董 | 假装正经，冒充行家 |
| 涎皮垮脸 | 厚着脸皮与人纠缠 |
| 白子拉卡 | ①物品褪色发白；②人无血色 |
| 半中拦腰 | 中间、中途、半截 |
| 扯扯夹夹（gá） | ①关系暧昧；②互相之间关系不清楚 |
| 黑墨大黢（qù） | 漆黑 |
| 花不溜秋 | 颜色混杂 |
| 卵使无用 | 无本事，什么事都做不好 |
| 灰不隆冬 | 到处布满灰尘 |
| 正儿八经 | 实实在在，规规矩矩 |
| 几多 | 一定的数量、重量、长度；很多，很远。例：那寨子离这里还有几多远（很远） |
| 开间 | 老式土家民居的宽度单位 |
| 万千 | ①足够；②很多；③很丰富 |
| 一把捞捎 | 全部、都、总共 |

**吆喝牲畜方言**

牛儿咩——呀：叫牛。

狗子喔——喔：叫狗。

猪儿溜——溜：叫猪。

羊儿咩——咩：叫羊。

鸡儿够——够：叫鸡。

鸭儿耐——来：叫鸭子。

小猫咪——咪：叫猫。

## 谚语

双凤村先辈们在生产生活实践中，总结提炼了丰富的气象、生活类谚语。

### 气象类

日出东南红，无雨必有风。

星星厚，半夜漏。

早晨满天雾，尽管洗衣裤。

黄昏起云半夜开，半夜起云雨就来。

天上起了鲤鱼壳，今天不落明天落。

石头出汗，大雨连线。

五月凉风长大水，六月凉风干破底。

早晨发霞等水开茶，晚上发霞干死蛤蟆。

燕子高飞晴天到，燕子低飞大雨来。

### 生活类

吃不穷穿不穷，不会划算一世穷。

冬吃萝卜夏吃姜，不用医生开药方。

庄稼一枝花，全靠肥当家。

存粮如存金，有粮不担心。

人也好水也甜，岩头当得锅巴盐。

人不求人一般高，水不下滩一样平。

只有仁义走四海，哪有威风扫满街。

坐吃山空，水冲岩溶。

好酒不讲酸，苦瓜不说甜。

路边长葛藤，绊倒大意人。

一根稻草搓不成索，一皮篾条织不成箩。

三天不吃酸，走路打捞蹿。

有山必有路，有水必有渡。

小孩要哄，泥鳅要捧。

会打三棒鼓，也要两帮人。

弯树服木匠，烂泥服瓦匠。

种田望八月，经商望腊月。

**歇后语** 双凤村有浓厚的文化底蕴，许多雅致的歇后语流传至今。

老虎打蚱蜢——小讨小吃

茶罐做枕头——空想

高山打锣——响（想）得宽

麻雀啄米汤——糊嘴

破背篓背菩萨——漏神

老鼠钻风箱——两头受气

和尚打伞——无发（法）无天

猴子穿衣——假充人像

蛤蟆跳到鼓上——扑通扑通（不懂不懂）

黄鼠狼给鸡拜年——没安好心

火里烧泥鳅——熟一截吃一截

瞎子打灯笼——糟蹋蜡烛

叫花子走夜路——假忙

火烧眉毛——近在眼前

瞎子吃汤圆——心中有数

软泥巴插棍——越插越深

干田里的螺丝——有口难开

聋子的耳朵——配像的

七月的葫芦——掉大的

跛子赶强盗——坐到喊

老鼠拖葫芦——大头到后头

铁匠岩匠打亲家——硬碰硬

**谜语**　双凤村流传着很多谜语。平时，老人经常用一些谜语逗小孩，既能增添家庭的欢乐气氛，同时还能启迪孩子的思维。流传的谜语几乎都与日常生活息息相关，多以农作物和家庭日常器物作比来猜，而且多数谜语的画面都显得色彩鲜艳。

青蓬蓬，细芽芽，先结籽，后开花。（打一农作物）

——稻谷

远看有叶无芽，脚踏莲花腚子，口含雄黄朱砂。（打一植物）

——百合

头大尾小身无鳞，口含红火吐青云。（打一打猎工具）

——猎枪

团团圆圆一口钟，走遍天下它为兄，皇帝老子也和他称兄。（打一生活用品）

——铁锅

神州有个雀儿，你捞它尾巴，它舔你嘴巴。（打一生活用品）

——勺

嘁嘁哈哈去，嘁嘁哈哈来，它不等路黑不转来。（打一木匠用品）

——墨斗

身到山中夜夜有，拿到家中贵人手，说话不听话，拉起耳朵拧。（打一乐器）

——二胡

身到山中叶叶排，拿到家中做买卖。

绫罗绸缎他都穿，只差一双绣花鞋。（打一生活用品）

——米尺

有脚又无手，有面又无口，

吃了几口好美酒，带了几个好朋友。（打一生活用品）

——桌子

腾云驾雾张四姐，马后射箭杨六郎，

头戴金盔是孔明，身披刺甲小罗成。（打一小动物）

——蜜蜂

一尖尖，二团团，三打伞，四拿拳，五字红艳艳，一身疮，白长毛。（打七样蔬菜）

——辣椒、南瓜、枞菌、蕨菜、茄子、苦瓜、冬瓜

穆公领兵出了阵，铁登台随后追跟，
马小姐走风报信，人中王收兵回营。（打一野外活动）
——钓鱼

头戴金盔是唐王，身穿风衣杨七郎，
比干丞相挖心死，先苦后甜是苏秦。（打一野生植物）
——刺果果

大红颜色显，大红染黑再卖钱，
买来又染大红色，大红退去不值钱。（打一生活用品）
——木炭

行走千里不出房，恩爱夫妻不同床，
亲生父子不同姓，同胞兄弟各孝娘。（打一文化活动）
——对唱

头戴白帕姜子牙，口里含的樊梨花，
身披盔甲薛仁贵，脚踏莲花女哪吒。（打一植物）
——野百合

野百合（2018 年）

摆手堂（2021 年）　　彭治顺　摄

## ◉ 土家遗存

**摆手堂**　位于村内接龙桥桥头。供有三位祖神，为土家族的祖先。居中一位是彭公爵主，居左者据说是科东猫人，居右者为努力嘎巴。科东为古地名，猫人指很鲁莽的人，原姓王，彭公爵收为战将后赐彭姓。努力为古地名，嘎巴即哑巴。后统一说法，右为向老官人，左为田好汉，一般年节如中秋、清明、端午村民照例敬奉。平时大事小事祈求保佑的（如求子、求寿、求官、求财等），均可先去官亭许愿。如愿者则常杀羊、杀鸡敬神还愿。彭光涛是双凤村较有影响的仪式主持人，大家尊称他为“折四列替”[①]。

历史上双凤曾先后三次修建摆手堂，前两次修成的因破旧而拆除，现存的摆手堂为 2000 年修建，位置在奇里窟（包）原祠堂基地。气势磅礴，造型古雅，极具民族特色。正堂的地面正中嵌刻着八卦图，两边门柱上挂有对联：“祭祀秉虔诚牛角司力灵通天地

① “折四列替”即遮天盖地、无比权威的人。折四：蓑衣。列替：斗篷。

追先祖，传承彰教化踏歌摆手德重精勤启后昆。”摆手堂高约 7 米，有 4 根大柱及外看为两层的亭式建筑，外实中空结构，白色的四角高高翘起近 1 米，如同挺立的“凤凰”；栏杆式建筑，一楼和二楼有一圈镂花栏杆，窗户上都镂空，图案有多种如“卍”字、蝴蝶、喜鹊等。摆手堂木料为柏树、梓树、枫香树、猴栗树，取“百子封侯”之意。因摆手堂供奉祖先、家族英雄，使用这四种木材，能为村庄带来好运。每年农历正月初三后，“七寨半”的人都要汇集到摆手堂，跳摆手舞和毛古斯舞，在跳舞之前，要在堂前先祭祀祖先。

**八字朝门** 双凤村摆手堂舍巴坪外建有八字朝门，门柱的对联是：“毛古斯摆手舞跳欢四海，家伙哈哭嫁歌响遍五洲。”院子做八字门也有讲究，面对东南之门接纳的皆属紫气，大开东南之门会给居家带来好运，八字门阔气是件好事；面向西北之门多半寒气逼人，八字门不可过大，需植树或建朝门。“朝门八字开，财气滚滚来”，有为双凤村带来好运之意。

**九蓉庵** 是九龙神庙中的一个庵堂，供奉有菩萨，以供人们前去祭祀。

**土王祠** 系彭景民发家后牵头兴建，位于老寨内东南处。庙内神龛上供奉彭公爵主的木雕像，两旁立有彭、田两姓列祖列宗。一栋三柱四棋的木房，共三开间，百余平方

土王祠（2021 年） 彭治顺 摄

官亭（2021 年）　　彭治顺　摄

米，历来由彭英发世袭掌坛，“七寨半”共同侍奉，老祠堂毁于 1934 年，1944 年在原址重建新祠。

**官亭**　位于村西官亭堡上，相传双凤村每遇重大活动（求雨、结婚、丧葬）均在此举行相关仪式。届时村人杀猪宰羊把肉按村民分成小块，煮上一大锅泡汤，然后每户分上一包带回家吃，被称为“吃泡汤”。官亭在“文化大革命”时期被毁坏，2018 年重建。

**五谷神庙**　在村东北方的官亭堡山脚下，有一间用石头垒成的五谷神庙，内供有五谷神。每年插秧之前和稻谷收获之前，村民都要到此祭祀五谷神，人们认为五谷神能够保佑五谷丰登。

**土地堂**　20 世纪 50 年代前，村内有土地堂三处，一处在村西“齐力窟”东坡山脚；第二处在村北“甲廓卧鲁”（当地土家语意为“竹林园圃”）山坡顶上；第三处在村东北铃铃堡北坡山脚下。

这三个土地堂在“文化大革命”时期均被毁坏，其遗址掩埋在乱石杂草丛中，人们只能从那些残留的历史碎片中寻找当年香火隆盛的景况。20 世纪 80 年代，在松柏古道的坳口上重修土地堂，逢年过节，村民们都会去那里杀鸡宰羊烧香燃烛，祭拜土地神。平时过往行人，有的人也会扯一把茅草扎成草阴或树枝代替香烛放在土地堂前祈求神灵保佑平安。

接龙桥（2018 年）　蒲忠胜　摄

接龙桥（2021 年）　彭治顺　摄

**接龙桥**　坐落于摆手堂前，双凤溪上，它连接大凤凰山和小凤凰山的龙脉，既是双凤溪两边的便捷通道，又可使行人在桥上休闲。接龙桥长 19 米，宽 4.8 米，高 4.5 米，净跨度 15 米，单孔，桥面建筑为木质转角楼格调，飞檐翘角，四排三间，四柱三棋，中间为过道，两边用厚榉木板铺成花式条凳，条凳外面装有花桥护栏。

**转角楼群**　双凤村的转角楼群层层叠叠，错落有致，隐现在绿荫深处，悬挂在危崖瀑布上。土家人根据亚热带土地地形和气候特征，依山沿溪搭建成自然轻巧、结构简单的转角楼，多为四排三间，五柱八棋或四柱三棋。楼群鳞次栉比，小青瓦、花格窗、司檐悬空、木栏扶手、走马转角；走进楼中，木梯阳台，栏杆巧妙组合；凭栏远眺，蓝天、白云、旗幅、雄鹰尽收眼底。全村现有转角楼 9 栋，占吊脚楼总数的 81.81%。

**古穴秘洞**　在接龙桥附近，村东南方向有一处悬崖，崖下有一处横跨整个岩壁的洞穴，宽约 30 米，高约 7 米，深约 3 米。洞穴上一弯小瀑布蜿蜒而下，周边野树繁茂，古木参天。这就是土家族祖先迁徙到此早期居住、生活的地方，洞穴至今供奉着三尊身着毛古斯装扮的先人。在双凤毛古斯舞蹈中，有这样的对白："你从哪儿来的啊？""我是从山坑下岩洞上来的。""你喝什么？""我喝流下来的水水。""你吃什么果子？""我吃的棕树果果。"双凤的子孙后代，就是从这古洞起源，源远流长。

**寨墙炮台**　明弘治元年（1488），当时年轻力壮的双凤寨主彭景明在松柏古道卡口用石头垒起 5 米见方的掩体，并用直径 80 厘米的大树自制火炮两门，大炮一次可装火药 15 千克，内夹铁珠、铁片，威力强大。是年冬，与外来强盗打了一仗，大炮发挥了

秘洞生活（2013年） 卢瑞生 摄

松柏古道（2021年） 覃熙 摄

威力，打得强盗四处逃散，之后强盗再也不敢进犯村寨。同时，在官亭堡修筑寨墙，墙上设置枪眼。寨墙高3米余，长约1.5千米，用石头垒砌和泥土板墙夯筑而成。如今，寨墙主体不复存在，遗址尚存。

**石碑石刻** 官亭堡老摆手堂旁边立有一座石碑，碑正面刻有“源远流长”四个大字，碑是1940年彭氏家族再次为制定彭氏字辈而立的。碑刻中除彭氏字辈以外，还有“我彭氏自李唐来，世居溪州”等文字。

**九口古井** 双凤村的先祖们定居该村，在高山古堡中寻找水源，先后掘水井9口，并用青石块垒砌。水井的外形似龙眼灵根，掩隐在古树参天，松篁交翠的蔽日浓荫之中。

**松柏古道** 双凤人在未通公路之前，这条古道是通往县城方向的主要干道。古道全长4.8千米，两旁植有数百棵柏树。斗转星移，古柏有部分消失，有80余棵尚存。传说，大多为当年寨主彭景明组织村民所植，迄今已有500多年历史。

**梅山神庙** 历史上，双凤村有两个梅山神庙，一个建于村西北“齐力窟”坡的东北面，由三块一尺见长的方形石板垒合而成。另一个位于枫香湾，也是由三块相同的石板垒合而成。梅山神为女神，男人是不能打赤膊从庙前经过的，就连小孩也不能在她周围随便吐口水，或将污秽的东西涂在她身上。

**九龙神庙** 历史上村内最大的祭祀庙宇，相传为双凤人彭景明所建。神庙位于村东2千米处。庙宇有三进宫殿，一进殿供奉的神有三个，土地菩萨、灵光菩萨、主事菩萨，其中土地菩萨居中，主事菩萨位居左、灵光菩萨居右；二进殿供奉的是观音菩萨，在她

九龙神庙遗址（2018 年） 彭俊生 摄

的左右分别立着金童和玉女；三进殿供奉的是当地人俗称的佛爷菩萨，周围环绕着形态各异的十八罗汉、二十四诸天。神庙在“文化大革命”中被毁。

## ◉ 土家吊脚楼

土家吊脚楼多为木质结构，早先土司王严禁土民盖瓦，只许盖杉皮、茅草，叫“只许买马，不准盖瓦”。一直到清代雍正十三年（1735）“改土归流”后才兴盖瓦。双凤村的吊脚楼多为单吊式和双吊式，雕梁画栋、檐角高翘、石阶盘绕。

**因势造形** 双凤人房屋依山就势，沿溪沟而建，一般在正屋旁边有吊脚楼。但吊脚楼建造不能高于正屋，寓意“客不压主”。一般为四排三间或三排两间，三柱四棋。村内吊脚楼有两种形式：一是单吊式，即“一头吊”或“钥匙头”。其特点是，在正屋一边的厢房伸出悬空，上下两层。二是双吊式。又称为“双头吊”或“撮箕口”。它是单吊式的发展，即在正房的两头皆有吊出的厢房。同为上下两层，上层为住房，下层为猪圈或杂物间，柱头长短因地势高低而定。

**修建工序** 第一，备料。双凤人称“伐青山”，一般选椿树或梓树，椿、梓因谐音“春”“子”而吉祥，意为春常在，子孙旺。第二，木料加工，又称“架大码”。在梁上还要画上八卦图、太极图、茶花、莲子等图案。第三，“排扇”。即把加工好的梁柱接上榫头，排成木扇。第四，“立屋竖柱”。主人选黄道吉日，请众乡亲帮忙，上梁前要祭梁，然后众人齐心协力将一排排木扇竖起。这时，鞭炮齐鸣，左邻右舍送礼物祝贺。立屋柱之后便是架椤子钉椽角，盖瓦，装板壁，富裕人家还要在屋顶上装饰向天飞檐，左廊洞下雕龙画凤，装饰阳台木栏和窗户。

**青瓦木楼** 双凤村的吊脚楼全部为木质材料建造而成，多为柏木和杉木，少量椿木，三柱四棋，上下两层，青瓦屋面。青瓦即为用泥土烧制的瓦片。做青瓦有讲究，一是要用黏性好的黄泥，并用牛脚把黄泥踩成很糯的泥坯；二是用模具（俗称瓦桶子）做成瓦坯风干，一次 4 片；三是打土窑，将瓦坯装进窑内，用大火烧上三天三夜；四是放窑添水，确保瓦颜色青而不红，然后出瓦。

**绕楼转角** 双凤村的转角楼一般建于正屋左前或右前，也有正屋的左右两边都是转角楼的。转角楼为每扇三柱撑地，横梁对穿，檐柱外挑挂一棋，棋下为雕制的木金瓜，乡土气息浓郁，檐柱与挂棋宽 0.8 米，由挑方挑出，绕楼转角。

**悬空走廊** 土家族吊脚楼是挑方挑出宽 0.8 米作为走廊，外有挂棋，悬空于檐柱外面，十分壮观。

**四角翘檐** 双凤村土家吊脚楼大多为“单头吊即七字形”，少数为“双头吊即撮箕形”，不论单头吊或双头吊，转角之处的建造很有技巧。主人要到山林找一根弯度适中的树料，锯成 10 厘米厚的挑方板材，在转角的地方把屋檐翘起来，“单头吊”翘两个角，双头吊翘四个角，单独修建的吊脚楼四个角，俗称“四角翘檐”。

土家吊脚楼（2021 年） 彭治顺 摄

木雕窗花（2018 年）　周万全　摄

雕窗花（2021 年）　彭治顺　摄

**巧工雕窗**　双凤村转角楼的门窗用材一般用红椿木，红色代表喜庆，红椿木的纹路清晰好看，光亮迷人。门窗有的用方木拼的“回”字格，有的内圆格，有的用方木拼的“喜”字格，有的在门窗的中间和四角雕上“喜鹊闹梅”“蝴蝶展翅”“戏剧人物”等图案，并以颜料作底，以光油漆加工“抛光”，刷得光亮照人。

**花格围栏**　吊脚楼走廊铺有 4 厘米厚的柏木板或松木板，方便行走，在挂棋上一般有三块挂方，上块方是拱形的，给人以巧夺天工之感。中、下两块方是直的方木，宽一般 15 厘米，在中、下两块方之间制作围栏，围栏的用材一般为柏木或椿木，用方木拼成“卍”字格，看上去美观，具有艺术观赏价值。

## ◉ 宅居建造

**地基选择**　土家族建筑房屋讲究选址。在建房选址时必定首先要看周边的山脉走势，房屋正门要面对青龙山（左边的山），走势绵延的青龙山脉挡住位于右边的白虎山。从前双凤村有“前有三亭岸，富贵不断线”的说法。房子背面要有靠山，山要高大、厚实、绵延长远。

**择日动工**　双凤人一直把房屋建造当作人生的头等大事，相应地形成建房的风俗仪式。在宅基地选定之后，择“黄道吉日”，并在择定之日请亲朋好友帮忙破土开工。开工包括平整地基，筹备木料等。

**祭拜鲁班**　建房首先要敬鲁班。请来盖房的木匠主持敬神仪式，房主备好所需物品，包括：钱（用红纸包好放在茶盘上）、酒、香纸、蜡烛、鞭炮、1 个形状较大的鲁班粑粑、40 个小粑粑、1 板豆腐、17 厘米长的红绫以及猪头猪尾，以供敬奉之用。所准备的钱物中，粑粑必须由男人打制。

敬鲁班（2012 年）　　卢瑞生　摄

敬鲁班准备豆腐还有一个传说。据传，古代有个地方要修建一座石拱桥，众工匠一起努力赶工，眼看就要合拢，但砌到最后一块石头时，尝试许多石头都不合适，不是大就是小，众人束手无策。这时恰好鲁班经过，鲁班问明情况，决定帮助大家建桥，他四处看看，瞧见一个卖豆腐的人。于是鲁班走上前去，从货担里挑了一块豆腐，然后把豆腐塞到缺口处，不大不小，恰到好处，豆腐立刻变成坚硬的石头，桥终于建成。大家即刻欢呼起来，叹服鲁班的技艺，从此敬鲁班就形成准备豆腐的传统。

敬鲁班的日子是定在上大梁的那天，而且必须赶在鸡叫之前，因为天亮鸡叫后是请不来鲁班神的。木匠祭拜鲁班通常有一根木制“五尺”，上凿圆孔，以 1.66 米红绫穿过，放于神龛脚下，放好后木匠就给鲁班神烧香磕头，口中默默念叨鲁班师傅，祭拜完毕后，豆腐、猪头由主人送给木匠，因为他是鲁班的徒弟，打好的粑粑则用于进行“扔梁粑粑”活动。

**墨师设计**　墨师亦木匠师傅。他根据主人的愿望和建房地理条件，进行合理的规划设计，确定房屋结构的初步形态。一般不绘书面的建造图纸，图纸全在墨师胸中。

**房屋结构**　双凤村民居均为传统木屋。房屋上盖青瓦，下为木材。但木材不是直接接触地面，而是在下面垫上石头作为基石，俗称“磉礅岩”。一方面可以防止木材腐烂，另一方面有利于房间通风。木屋（主屋）的结构包括：一间堂屋（中堂）、两间火堂（堂屋左右前各一间）、两间卧房（堂屋左右后各一间）、一间灶房和一间储物房（灶房和储物间一般在正屋的左或右视地形而定），建一个偏房，也有在正屋的后面视地形再拖三间，称之为包兜房。

双凤土家人的房屋一般分为上下两层，上层（叫天楼）空间较小，只用于堆放杂物；下层间距构架较高，是人们日常起居饮食的主要场所。每户人家的房屋都建有四排柱子，有的是五根柱子，四根棋子，叫五柱四棋；有的是八根棋子，叫五柱八棋；有的是三根柱子、四根棋子叫三柱四棋。中间最高的叫中柱，两旁依次是棋子、檐柱。建房过程中首先要按落地柱头架好基脚，排好地脚方，或称“校磉（磩岩）”。接着就排扇（柱头、棋桐、排方、挑方穿斗），然后遵照择定的吉日吉时正式立屋。

**砍梁画梁** “砍梁”又称“偷梁”。它是指建房主人在立屋前，请木匠到山林中寻找一根适合做大梁的树木。当木匠看中做主梁的树木后，就会在树上捆一块红布，树的主人见到红布即明白其意。因为“偷梁”是意在“偷”走主人家的财气，旺自家后代子孙。被“偷”了树的主人往往会大骂，但双凤村的土家人认为骂得越厉害，建房人家就会越兴旺，所以都不在意。梁木砍伐后，按所需长度截去头尾，然后搭上红布。这时木匠敬鲁班神，敬完之后立即点燃鞭炮，接着由几位年轻人将这根大梁快速抬回，沿途只许换肩，不准放下休息，梁木抬到新屋前，主人要放鞭炮迎接。

“画梁”即在加工好的梁木正中画上太极八卦图。以“红进黑出”为方向，意为好事进门，凶事出门，保佑家宅平安，也意为“一正压千邪”。太极图旁边，一些富裕人家还画上“金书宝剑”。画的两边写上有“乾坤”“富贵双全”等。

局部村貌

台基地面

门

窗

丹凤朝阳图案

翘挑

穿斗木构架

飞檐翘角

吊脚楼

**落成上梁** 新屋框架建成竖起，主人择定吉时举行上梁仪式，即安放堂屋顶上的梁木。请两位会讲“上梁词”的人（木匠会讲梁的就由木匠讲，不用另请人上梁）。在清晨就上一步念一步，一直念着词上到房屋顶上的左右两头，开好梁口，帮忙的人一起把梁木从堂屋中间搬起来，顺着搭好的梯子上到中柱顶。这时，两头说上梁词的人就开始把事先准备好的粑粑从梁上扔下来，大粑粑在扔给主人前高唱“要富是要贵呀”，主人高唱“富贵都要”。落成上梁即为新居落成庆典，主人摆席设宴，款待亲朋好友，亲朋好友也会送上礼金，至亲亲人还要送上灯笼和梁布，灯笼挂在灯笼方上，梁布搭在梁上，并燃放烟花爆竹，以示庆贺。

**踩门搬家** “踩门”，即“踩大门”。土家人很重视大门（或朝门）方向，有“四两屋场，千斤朝门”之说。踩大门仪式的过程是：将新屋柱子上贴上新居喜联，关上朝门，主人站在门内，木匠扮作踩门先生站在门外，手端茶盘，盘内放一个冬瓜，四枚铜钱，隔门开始念踩门词，边念边问主人：“要富要贵？”主人回答：“富贵都要”。然后主人将朝门打开，让冬瓜和铜钱从门槛滚到门内，意为“四季财源滚滚来，福禄寿喜进门来”。

新屋建成后，主人会再次请地理先生挑选搬家的日子。双凤人忌讳空日进屋，村内曾有“大空空天下，小空空一家”的说法。选好日子，老人先进，在新屋烧旺火，意为“兴旺红火”，然后儿孙们便依次进入。当天还要在火堂中烧火煮饭，邀请亲朋好友聚餐，俗称“热火坑”，也有称“进新屋”。火烧得越旺，人来得越多，家庭就会越兴旺，亲友们也会燃放鞭炮以示庆贺。

偷梁之梁木进山寨（2013 年） 李林宏 摄

# 风土民情

双凤村，李唐始有村落，历时一千余载，迄今一直完整保留着古老原始的土家族民风民俗，是中国土家族上千年历史文化的再现和缩影。

# ◉ 土家婚俗

**恋爱求婚** 双凤人的婚姻，历来实行一夫一妻制。同时，不准与不同辈分的人结婚，只准与同辈结婚；不准与同姓人结婚，只准与异姓人结婚。

“改土归流”前，双凤村男女青年主要是以相互对唱土家族山歌、“情歌”的形式进行恋爱求婚。

“情歌”内容大体有初恋、热恋、眷恋三个层次。

当一曲曲情歌确定了土家族男女青年的恋爱关系后，双方便互相赠送定情信物。女方给男方赠送的有悄悄准备的绣花荷包、绣球、鞋垫、织锦腰带等。男方给女方赠送的有青丝帕、金（银）戒指、银手圈、银耳环等。若双方都无提前准备定情信物，便就地取材，用刀砍一根小山竹，留一截两头有节的竹子，从中劈开，各执一半，到结婚那天合拢并收藏好，寓意珠联璧合。

望情郎（2021 年） 彭治顺 摄

**托请媒人** 旧时，双凤的婚姻介绍人，俗称媒人，土家族称“整成人”。她（他）为钟情男女搭桥牵线，结成伉俪。“改土归流”后，土家族的婚姻制度基本为“父母之命，媒妁之言”的包办婚姻制度，即“嫁鸡随鸡，嫁狗随狗，嫁个岩头抱起走”。当男方看中哪家闺女后，托请与女方家熟悉，讲得到话的人去做媒，从求婚到订婚，再到结婚，整个婚姻的全过程，媒人不时地往来于男方和女方家中，根据男女双方的实际情况，或直言或巧妙地传递双方家庭的意见、要求及一些正反两方面的信息，但最终目的是促使两者的婚姻大事圆满成功。当媒人拿着礼品（这叫“开口礼”）去女方家，女方收下礼。俗话讲“有润气”，可以接着谈，一般都要“三进九求”，以示贵气。女方同意后，男方要正式送开口礼，也叫取“小八字”。如果女方一开始就拒绝收礼品，那么一切免谈。20世纪50年代特别是80年代后，男女青年结合，基本由自己作主，即自由恋爱结婚，但女方父母仍然要求有个媒人，即男方找一个媒人，以显示女方贵气。同时，证明女儿不是自己跑去的，而是媒人上门求去的。

双凤人至今还延续“八字”合婚习俗。“八字”即用天干地支表示其出生的年、月、日、时的八个字。男方看中哪家闺女在请媒人之前，都要暗中请亲戚朋友打听女方的生辰八字。若“八字”不合，男方会主动放弃。20世纪80年代男女青年自由恋爱，对“八字”不太相信，只要情投意合，即可成婚。

**认亲拜年** 旧时，双凤土家人把订婚称为认亲和定亲，也称取“大八字”。男方请人写庚书，把男方的生辰“八字”写在庚书上，女方的生辰“八字”空着，留给女方去填，并给女方执笔人包红包，数额有40元、80元、100元不等。男女双方的婚事基本确定以后，男方的父母就要准备酒、肉、衣服、金银首饰等礼物及庚书，择吉日良辰送到女方家，并告知女方将于某月某日到女方家取“大八字”。当天，女方公开办酒席，宴请家族和亲戚，称“吃认亲酒”。当男方回去时，女方把女儿的生庚“八字”填写在庚书上交给男方。同时，将布鞋、裤腰带、皮鞋等作为回头礼送给男方，以示这门亲事正式确定。

每年正月初一，女婿要到女方家拜年，拜年的对象主要是岳父岳母及女方的爷爷婆婆、伯伯伯娘、叔叔婶娘及其兄长等亲戚。拜年的礼物轻和重取决于男方的家庭状况。在拜年这几天未过门的媳妇须远远地躲开，不能在未来的丈夫面前露面，更不能同桌吃饭和一起玩耍等。

女婿拜年离开时，女方父母和伯叔、兄长要给打发钱，姑娘将自己亲手做的布鞋两双、鞋垫两双作为回礼。

等到男女双方长大成人，男方家要求在当年结婚，这一年的正月拜年，双凤人叫“拜大年”。“拜大年”的礼物要比往常的礼物多一倍甚至几倍，给岳父、岳母拜大年，其肘子（猪腿）不得低于 18 斤，并要连上猪尾巴，暗示岳父、岳母：“女婿将于今年要求结婚了。”若女方的父母同意女儿在年内结婚，就把猪腿连同猪尾巴一起收下；如果不同意的话，则只收下猪腿，而将猪尾巴割下，用红纸包好，放入送给男方的新布鞋内退回男方家。双凤土家人有用送猪尾巴的形式传递信息的习俗，不用明说，意在其中。

男方给女方的伯伯、叔叔、兄长等亲戚“拜大年”的礼物同样比平常年份拜年重一倍以上。这年给伯、叔、兄“拜大年”必须是一个肘子（不连猪尾巴）及其他礼物，而伯伯、叔叔、兄长等亲戚分别请前来拜年者吃饭，并给打发钱。

**庚书制作** 首先，将一张十六开或八开红纸的两头相对合拢折成左右一扇纸门形，在合逢处正中间竖写“天作之合”四个字，其左右两边写一副对联，如右边写“一联佳句随流水”，左边写“百合香车备画桥”，但也有男方只写上联，下联由女方来对的。

再合折纸门，在底纸的右边写上“乾（男）造 ×× 年 ×× 月 ×× 日 ×× 时（用天干地支表示其出生的年、月、日、时）”。在底纸的左边写上“坤（女）造 ×× 年 ×× 月 ×× 日 ×× 时”，其内容由女方填写。在“天作之合”左右门的背面也要写上一副对联，其上联为“此日歌关雎四句”，下联为“他年咏麟趾三章”。

两副对联写好后，将“天作之合”合拢折好并用红纸封包好，放进自制的小楠木箱内，土家人称“拜帖匣（盒）子，”匣子上贴一红纸条，写上“文定厥祥”或“鸾凤庚

庚书制作（2018 年）

书”，盒子内还要放入毛笔两支，墨汁两瓶，红包两个，取“大八字”时一并带到女方。女方用带去的新毛笔和未启用的墨汁写好女方生庚八字，并取走一个红包，最后将盒子上锁（现在一般不上锁），带回到男方家。

**报送日子** 也叫请期。即女方收下男方拜年时挑的肘子之后，男女双方父母心里都有了底。但具体时间要双方父母确定大致时间后请人测定。男方家通过占卜选择结婚的吉日良辰（包括做新娘衣服的开剪时间，装扮新娘上头的时间及上头的坐向等），再备上礼物让媒人到女方家去，告知女方家具体的结婚日期。送日子，少则要在距婚期六个月以前，这样以便男女双方做好嫁娶的一切准备工作。男方要准备养肥猪、装修新房、打婚床等；女方要准备西兰卡普（打花铺盖）、绣花铺盖、布鞋等嫁妆及全套陪嫁的生活用品。

当男方送日子后，女方也会请人择算结婚日期，看男方择定的日子对女方是否有伤害，男女双方测定的日子大致吻合后，结婚的日子就定了。

**婚前准备** 女方婚嫁的准备。当结婚的日期定下后，女方家就进入嫁女筹备阶段。一切嫁妆都必须在闺女出嫁（亦称“于归”，即归往夫家的意思）的一个月前准备好。

一是请木匠做嫁奁；二是请裁缝师傅做新娘衣服（嫁衣裳）（开剪的时间必须按所择的时间进行），女方做多少条裤子，男方就给女方做多少件上衣相配套；三是请皮匠师傅给长辈们做彩鞋；四是准备随嫁的其他一切物品；五是做铺盖，棉絮和铺盖面子女方做，男方做铺盖里子，俗称“课单”，也称“礼布”。

土家姑娘结婚，其亲戚送礼品（一般是吃肘子的亲戚要送打发铺盖），主要为四件套（棉絮、床单、枕巾、枕套）。

男方娶亲要做的准备主要有：一是修新屋或装修新房；二是打一架精致的新婚床；三是喂养两头大肥猪；四是请好督官（礼官）、八仙、抬轿子、搬帐子（摸米）、抬抬盒、背铺盖、迎嫁奁、放礼炮和鞭炮等迎亲队伍，请好厨师、账房先生等帮忙人员；五是买好送给新娘的金银首饰及衣服；六是准备好酒席所需要的一切东西；七是准备好要送给女方的“三茶六礼”等礼品。

**闺蜜哭嫁** 双凤村土家姑娘从十一二岁起开始学哭嫁歌（土家语叫“他爹列吉”），因为会不会哭嫁，是衡量这个姑娘是否聪明的标准之一。所谓哭嫁歌，即哭着唱，唱歌用哭的腔调。

哭嫁。当女方家把木匠、裁缝、皮匠等匠人请进屋时，新姑娘就开始哭嫁了。开始

展示嫁妆（2014 年）　　卢瑞生　摄

是母女对哭，然后是婶娘、嫂子及寨上相好的姐姐、妹妹们陪哭。

凡哭嫁和陪哭的人，都必须自备一条小手巾，以便在哭嫁时擦眼泪和遮住自己的脸。

**过礼戴花**　过礼也称圆礼，结婚前三天，男方要派人给女方家送礼，土家人称“过礼”或称“圆礼”。过礼的物品主要有肥猪一头，米八斗及衣服、金银首饰、铺盖里子（课单）等，这些礼物全部请人用抬盒抬到女方家。结婚前一天是女方的“于归酒”，男方的“戴花酒”。这天，男方的舅舅、舅妈、姑父、姑妈等长辈要给新郎戴花。女方家请客收礼，族内和亲戚朋友都来送礼祝贺。女方家便设宴席招待祝贺的嘉宾，也就是女方正酒。在开宴席时，姑娘的舅舅家客人要开头班席，俗语道：“娘亲舅大”。宴席设在堂屋里，舅舅和舅妈坐在桌子挨着神龛的方位，称“坐上把位”。

**展示嫁妆**　“戴花酒”当天，女方家将全部陪嫁物品从屋内搬到大门外阶檐的展台上，展台一般由两根长板凳和一块大门板搭建而成。陪嫁物品按约定俗成的先后顺序，整整齐齐摆放，向人们展示其嫁女陪嫁物资的丰厚。

**新娘开脸**　是日，新娘正式“开脸”，即请寨上心灵手巧的妇女用细麻丝线在新娘脸上轻轻拉滚扯去脸上的汗毛，把新娘的眉毛用夹子扯成一钩新月形，再把新娘的长辫子绾成“粑粑髻”，“髻”心绕以红头绳。发髻上插上银扁簪、莲蓬、玉石宝针、眉毛针。头戴新丝帕，手戴银手圈（梭圈）、戒指，耳吊瓜子耳环，颈上戴项圈，胸前挂照妖镜（护身镜）等，即成为一位漂亮的新娘子。

**新郎冠礼** 首先贴喜联。朝门、大门、二门、房门、窗户、厨房门等处都要贴上用红纸写的对联和囍字，大门正中间要用红纸写“鸾凤和鸣”或“天作之合”等大字。同时，还要举行“升匾”（舅舅等赠送的贺匾）仪式，执戴花礼仪式具体由督官（礼官）主持。其次，在堂屋神龛上点蜡烛和上香、插花（金或银质），花放在靠神龛的四方大桌（八仙桌）上的升子里，而升子装上稻谷不装米。最后，举行加冠仪式。仪式流程如下：

1. 司礼唱：

吉辰良日，×× 飘香；
掘来良缘，龙凤呈祥。
日月同辉，地久天长；
百年偕老，五世其昌。

2. 奏乐、鸣炮。烧榆蜡树叶（女贞子）和丝茅草。使用三眼炮四个，连放三次，共响十二炮，意为月月红。

3. 戴花。依规矩给新郎头上戴花，新郎的舅舅、舅妈给新郎披红戴花，并即兴高唱祝词：

树上喜鹊叫喳喳，新郎戴上金银花；
× 府公子结良缘，从此人发家更发。

祝词后给新郎头上戴花，胸前披红。

新郎的哈嬷嬷（姑父、姑妈）给新郎披红戴花，并祝词：

土家山寨 × 花开，远方新娘迎进来；
明日洞房小登科，来年金榜中状元。

祝词后给新郎头上戴花。

新郎的姨爹、姨妈给新郎戴花，并祝词：

新郎披红又戴花，×× 两家成一家；
郎才女貌展宏图，五湖四海人人夸。

祝词后给新郎头上戴花。

新郎的阿大、阿科（姐姐、姐夫）给新郎戴花，并祝词：

吉日良辰 × 花香，金童玉女结成双；
夫唱妇随情意深，幸福生活万年长。

祝词后给新郎头上戴花。

此外，还有其他人给新郎祝词及戴花。

土家拦门礼之一（2020 年）　　杨宇雄　摄

土家拦门礼之二（2021 年）　　张小红　摄

4. 拜谒。新郎头包土家族头帕，由一个年龄比新郎大的已婚男人陪同拜谒天地（面对堂屋外三叩首），新郎拜谒祖先（面对神龛三叩首）。

**拦门礼仪**　当迎亲队伍到达女方家朝门口时，女方家在朝门口摆一张四方八仙桌拦住门，举行拦门礼。双方礼官经过一番对答后，才能放前来迎亲的队伍进门。

拦门时，若女方的“内官先生”被问住，就乖乖地搬开桌子，燃放鞭炮恭请迎新队伍进门。若男方的“礼官先生”被盘输，就求情认输，女方的“内官先生”也搬开桌子让行。男方的督官走进女方家的堂屋，首先举行交礼书、点蜡烛、装香等仪式。再向女方的父亲、母亲、公公、婆婆、伯伯、叔叔等长辈请安。随即，小男孩在堂屋内面向神龛进行三拜。紧接着迎亲队伍进入朝门，这时鸣炮奏乐，三眼炮声、挤钹声、唢呐声、鞭炮声响成一片，并将轿子停放在院子坪场里，再把从男方家给女方家所带的哭娘粑粑、露水裙、离娘衣、蒙帕、梳头油罐、报晓鸡、离娘酒席等礼品交给女方家礼官一一验收。礼毕后，请前来迎亲的队伍上桌吃饭，迎亲队伍高高兴兴地接受女方家的热情招待。

**找寻“摸米”**　“戴花酒”的当天晚上，迎亲队伍通宵不眠，陪新娘哭嫁的青年女伴们手涂漆黑的锅烟灰来到迎亲队伍里找“摸米”。因为到底谁是“摸米”[①]，姑娘们不知道。于是她们就三三两两地在迎亲队伍的男青年中找“摸米”，凡是找到一个嫌疑对象，就给他脸上抹一脸锅烟灰。对此，男青年不仅不会生气，反而乐呵呵的。因为，真正的

① 摸米：搬帐子（蚊帐）的小男童。

穿露水衣（2018 年）

甩筷（2014 年） 卢瑞生 摄

“摸米”总是躲在大花轿内而找不到（因为姑娘们忌讳接触花轿），所以姑娘们把很多没关系的男青年抹一脸黑。不过被姑娘们抹黑的男青年越多，说明被女方家那边的姑娘们爱上的男青年也就越多，同时，也预示着新郎新娘更加相亲相爱、白头偕老。

是日晚上鸡叫三遍，男方的督官要给女方送请书（“求喜”），即请女方按时发亲出闺上轿，再次向女方父母及长辈下礼。

**穿露水衣** “戴花酒”的第二天清晨，公鸡叫，就是“发轿”的时辰。新姑娘上轿前，要开设离娘席，紧接着哭着穿露水衣（露水裙、露水衣均为丝绸布料制成，右开胸，大袖大摆，绣有龙凤图案，衣背后绣一面钵，胸前绣一面镜，下着八幅罗裙或百褶裙），穿露水鞋，胸前挂一个铜镜（意为照妖镜、护身镜、隔邪气），头戴蒙帕（青丝帕），做好上轿前的一切准备。然后，新娘由哥哥或弟弟从闺房背到堂屋里，或由两个女伴扶着从闺房走出来，站在堂屋中央哭拜“辞别祖宗”“拜别父母”“辞别伯伯、叔叔”“辞别哥哥嫂嫂”“辞别堂兄弟姐妹”等亲人，此时哭声满屋，哭得难舍难分。

**踩斗甩筷** 哥哥或弟弟用背亲布把新娘背出房门后，当新娘脚踩先前摆好的量斗或豆腐箱子时，“内官先生”便高声唱道：

脚踩箱子四个边，斑鸠离娘好孤单；

脚踩箱子四个角，幸福日子从天落。

紧接着，背新娘的人将新娘背着从放好的斗旁边走过去，新娘借势用脚把斗踢翻，让放在斗上的十二双筷子撒满在地（意为快生和多生子女）。也有新娘手里拿两把筷子（每把 6 双）然后往前后分别各甩一把，同时“内官先生”唱道：

一把筷子十二双，留给爹娘做收藏；

一把筷子十二双，留给哥弟置新装。

**上轿发轿**　新娘的哥哥或弟弟用背亲布把新娘背进大花轿，新娘进轿时，用脚蹬三下轿杆，新娘坐到轿里后，便锁好轿门，当抬新娘的大花轿抬出朝门时，女方家的姑、婶、嫂要手握轿杆，使大花轿连续进退三次，土家族称这叫“拦轿”，“拦轿”结束，女方家开始正式发轿。

发轿也称起轿。迎亲队伍二人点燃四把火把（也称“喜把”，土家族人叫“提出把”，轿前轿后各两把）起轿，8 个人抬大轿走了一段路时，“摸米”就以最敏捷的动作，将新娘带竹竿的麻布帐子和门帘搬起飞跑，帐子必须在花轿到达新郎家半小时之前赶到，以便在新娘没到之前开好新铺。

轿子抬到女方家的朝门外停下来，让新娘换上新鞋子后再起轿。新娘的花轿上路后，新娘的叔伯、兄、弟及姑表兄弟和有关亲戚朋友护送一段路程，直到距男方屋不远处拦截花轿前行。这时，男方的礼官对送轿人要深表谢意，便将男方家事先预备的酒席

新娘坐轿（2014 年）　　卢瑞生　摄

迎亲（2014 年） 卢瑞生 摄 新娘坐轿（2018 年）

摆出来布席山野，宴请这些拦路的亲属们。吃完“茅筵酒”，让开道路，让花轿继续前行，此种特殊的婚姻习俗，是由远古时代抢婚制的遗风相传而来。

当轿子抬到很远的地方后，男方的督官便请女方的送亲客人上路，男送亲客骑马，女送亲客坐轿，督官走在最后。送亲客一般是双数，即男女亲戚各两人，有的地方也兴两女四男或四女四男。

起轿（发轿）后，迎亲队伍把新娘所有嫁妆按照红色主铺盖在最前头等约定俗成的先后顺序抬走。这时，凡是嫁妆都要由一长者手持一把新扫帚在朝门口把抬来的嫁妆依次全部扫三下（只作表示动作）之后，再抬往新郎家去。当八抬（八个人抬）大花轿一出门，女方家要派人抢一把火把（喜把）留下来，意为财喜各留一半。

新娘坐在轿内仍然轻声地哭着“哭嫁歌”，一直到男方家能听得到哭声的地方才停止。

**理铺祭轿** 理铺是在新娘和其他迎亲队伍尚未到达之前，搬帐子的“摸米”和背主铺盖的最先到达之后，男方家请夫妻两全、家庭和睦、有儿有女、声望好的妇女开新铺。双凤人叫“理铺”。新铺整理好后，由童男到新铺上打三个滚，之后，男方给童男子一个红包（数额不限），紧接着请梯玛（土老司）念安床词，祝新婚夫妻一辈子和睦相处。

祭轿，双凤人称“送喜神”。待花轿抬到男方家的朝门前时，轿子停下来，新娘下轿。男方一童男给新娘打伞共同站在小桌子前。这时，由梯玛或厨师手提一只公鸡，用牙齿把鸡冠咬断一截，或用菜刀将公鸡宰杀，将鸡血滴在装有白酒的新碗里，在花轿前面用鸡血酒祭轿（土家人称给新娘“退煞”），并在轿前滴几滴鸡血或鸡血酒，然后将祭轿公鸡从新娘的伞顶和轿子顶上甩到后面去，其副手（帮手）将点燃的榆树叶从新娘旁边甩过去；有的在朝门前的方桌上摆一只猪头，插一把尖刀，烧香烧纸、奠酒三杯，接着梯玛手执一把榆树（女贞子）叶和丝茅草，点燃后绕新娘一周，扔在花轿后面。之后将小桌子搬开，再将大花轿和新娘抬进男方家的朝门内。

**跳火走灯** 祭轿完毕后，将花轿由朝门外抬至堂屋门前，由开新铺的两个妇女一左一右将新娘扶出花轿，一个妇女扶着新娘，另一个妇女一只手端一个罩灯，另一只手拿着筛子将罩灯（马灯）罩着。这时，新郎用红绸或红布牵着新娘跳过摆在坪场上烧有木炭的火盆，意为烧去一切不吉利的东西，使今后的日子越过越红火。

新娘跳过火盆后，新郎继续牵着新娘跨越装在筛子里的“七星灯”（有的用筛子罩着“七星灯”）。在新娘跨越“七星灯”时，督官在一旁吟唱：

跳火盆（2014 年） 卢瑞生 摄

天上有个七仙女，地上点亮七星灯；
求得织女鹊桥会，七星高照拜天地。

新娘走进新郎家堂屋时，新郎的父母、兄弟姐妹都要躲在一边不见面，传说热脸见面，会影响以后一家人的团结。当新娘跨越“七星灯”后，将新背笼装的两把红伞放到堂屋神龛下的四方大桌上，撤去筛子和罩灯。

**吉时拜堂** 拜堂又称朝见礼。新郎（在左）和新娘（在右）同时在堂屋里举行拜堂仪式（土家族还有当新郎外出有事未归，而婚期已到，在拜堂时，新娘就抱着一只火红公鸡拜堂），由礼官具体主持。

拜堂仪式：

一拜天地，新郎和新娘在堂屋内面朝大门外双脚跪着进行三叩首。

一鞠躬——感谢天造一对佳偶；

二鞠躬——感谢地结金玉良缘；

三鞠躬——愿天地姻缘传佳话。

再拜高堂，新郎、新娘在堂屋内面朝神龛双脚跪地三叩首。

一鞠躬——感谢父母养育之恩比海深；

二鞠躬——孝敬父母美名传；

三鞠躬——祝父母寿比南山、福如东海。

夫妻对拜（2018 年）

新娘给公婆敬茶（2014 年） 卢瑞生 摄

夫妻对拜，新郎和新娘相对站立鞠躬。

一鞠躬——夫妻恩爱，比翼双飞；

二鞠躬——白头偕老，地久天长；

三鞠躬——早生贵子，阖家幸福。

同时，新郎新娘向所有帮忙人员和来宾三鞠躬，以示谢意。

奏乐，燃放礼炮。

**共入洞房** 在隆重而热烈的礼炮声中，新郎将新娘扶入洞房。入洞房后，新娘抢在新郎前先坐新铺，也称“坐床”。传说新娘先入座，往后新娘就是内当家。

**同盆同洗** 双凤村叫洗和气脸，洗和气脚。新娘坐上床后，新郎用双手轻轻揭开蒙在新娘头上的青丝帕，摘去新娘头上的插花。新娘则摘去挂在胸前的护身镜送给新郎，既表示自己洁身如镜，也表示自己心甘情愿来到丈夫家里。入洞房后的最后两件事：一是洗和气脸，即新郎及家人同新娘洗和气脸（一盆水、一条毛巾，表示一下洗脸即可）；二是新娘和新郎共同在一个脚盆内洗一下脚，俗称“洗和气脚”。接着帮助新娘脱去露水衣（裙）、露水鞋，换上新花鞋，由新郎领新娘去见众客人。

司仪将新郎的父、母、公、婆、伯、叔、兄、嫂等，从大到小、从内到外，一一请到，还请厨师、帮忙的人等，最后请八仙奏乐，礼成鸣炮。

**宴请宾客** 双凤村新姑娘进屋即为新郎家的“正酒”。新郎家要设婚礼宴席，宴请所有前来贺喜的亲戚朋友。土家族的婚礼宴席，每席的菜为十二碗，意为“月月红”。

小男孩滚新床（2014年）　　卢瑞生　摄

婚庆喜酒（2018年）

宴席间，新郎和新娘到席间给前来祝贺的客人一一敬酒敬烟。

在举办宴席时，男方要在堂屋里单独摆两桌酒席，特请新娘家前来送亲的女客人和男客人，土家人称之为“送亲客”。新郎这方也要相应地选好能代表男方家的人同桌陪同，土家人称之为“陪上亲”。席间，“送亲客”会向“陪上亲”的人提出要求和建议，要男方多多照顾新娘，不要歧视和为难新娘。而“陪上亲”的人也代表男方作相应的表态，其气氛相当和谐。

过去，送亲客在男方家住上一晚，第二天返回家中。回家前要与男方家长开一个座谈会，一是表示感谢，二是提出希望，三是指出注意事项，男方作出相应答词和表态。

**大闹洞房**　双凤村闹洞房也叫闹新房。当新娘、新郎洗完和气脸、和气脚后，开始闹洞房。这时，寨上的年轻人有的讲“四言八句”，有的讲婚姻的“根古”，有的开新郎和新娘的玩笑……同时，还向新娘要喜烟、喜糖、水果、花生、手巾等。此场面喜气洋洋、气氛热烈，一直闹到晚上半夜，大家才退出洞房，让新郎新娘尽情过好新婚之夜。

**蛋茶礼鞋**　双凤村“正酒”的当天，新郎引着新娘要给新郎的外公、外婆、舅舅、舅妈、伯伯、伯母、叔叔、婶娘等长辈送“鸡蛋茶”和“礼鞋”，也就是“见面礼”。具体时间，一般选择在宴席之前，安排专人端着茶盘，茶盘里放着用碗装的两个煮熟的红鸡蛋和炒米（土家族人称鸡蛋茶，并非真茶），还有布鞋（布鞋长短均在做的时候就量好了尺寸，现在有的买皮鞋）。新郎引领新娘一一拜叩外公、外婆、舅舅、舅妈等长辈，凡接受“见面礼”的长辈，都分别送蛋茶钱和礼鞋钱（此钱全部为新娘的私房钱）。

**三朝回门**　20世纪80年代以前，双凤村嫁娶中的一个规矩就是新婚第三天女方必须“回门”。

当天，新娘带着新郎用新人背笼背一只猪腿及糖糁、酒糖等礼物，回到娘家拜谢父母，土家人称“回门”或“三朝回门”。同时，新郎也敬拜岳父岳母。20 世纪 90 年代，三朝回门习俗改变，即结婚当天新娘到新郎家待庆贺酒宴结束，喜茶喜酒喝过随即回门。“三朝回门”不论路程远近，都是当天返回，不在娘家过夜，意即新房不能放空，土家人有“新婚十日不空房”的说法。

**吃“老客酒”** 双凤村新娘“三朝回门”回夫家时，新娘家长辈如父亲、伯伯、叔叔等（一般为四人）一同来到新郎家“会亲家”，土家族也叫吃“老客酒”。新郎家在堂房里新置宴席一桌，把盏饮酒，共叙家常，互述家风，相互彰扬，十分融洽。女方长辈们会谦恭地说一些新娘的不足，请求男方多多包涵，男方长辈们会说一些请女方长辈“一百二十个放心”的话语作为答词。最后，女方长辈们告辞回家，男方燃放鞭炮送行。

## ◉ 生育习俗

**求子接生** 旧时，双凤村的妇女怀孕时一般请算命先生算一算腹中胎儿是男是女，如果是男孩便罢；如是女孩，妇女便会给算命先生一些钱、豆腐、粑粑和一只公鸡，请先生做法事，把孩子的性别调换过来。中华人民共和国成立后，随着妇女文化程度的提高，她们认识到调换性别一说只是无稽之谈。

双凤村称接生人员为“捡生娘”。20 世纪 80 年代以前，妇女生产主要采取“坐式”的生产方式。90 年代后，村中妇女大多到县城医院生产，采取“卧式”的生产方式。生完孩子后，产妇要在家休养一个月左右，不能洗澡，不能到家门口坐。

**报喜踩生** 双凤村孩子出生后，当天，孩子父亲会抱一只鸡到女方家报喜。生的是男孩就抱公鸡，生的是女孩就抱母鸡。孩子的外婆（土家人叫嘎嘎）会随女婿看望女儿和孩子，当晚便回。婴儿出生后，第一个到产妇家的人叫“踩生”。产妇家一般都要留“踩生”的人在家吃饭、喝酒。同时，踩生的人也会给孩子说一些好话，如“长命富贵、易养成人”等。

**望月见井** 双凤村土家族妇女在生第一胎时，不论生男生女，娘家人都要“望月”（土家人称“看月”或“吃祝米酒”）。“看月”时间大多为小孩生下后第十天，称“甑十朝酒”，也有小孩生下后一个月甑酒，称“甑满月酒”。

双凤村小孩满月的这天清早，小孩的奶奶和母亲要用摇窝（竹制品）背起婴儿去“见水井”（敬井神），产妇用右手食指在火坑里的三脚（撑架）上摸三下，在婴儿额头上画一个“+”，带上一碗饭（放上熟鸡头、鸡蛋）、一个水桶、一束香和一叠冥纸钱，领着一个 10 岁左右的男孩，背起婴儿到距家最近的水井边上去敬井神。敬过神的饭给一起去的男孩子吃，再用水桶装一桶水回家，加温后给婴儿洗个澡。

**百日吃肉** 小孩子满百日之后，肠胃功能逐步完善，母亲要给孩子喂肥肉吃，又叫“过肉钱”或叫“油嘴巴”。双凤人相信孩子在这天吃肉以后肚子不会痛。因为孩子还未长牙齿，这天爷爷婆婆会把猪肥肉煮得很软，肥肉在孩子嘴里慢慢融化，吃进肚里。首次只是象征性的，不能吃多，怕孩子拉肚子，逐步适应后慢慢增量。百日这天嘎嘎一定会来看孩子，但一般空手而来，不带东西。

**抓周** 双凤村过去在孩子满周岁时，一般不过生日，只是在这一天把嘎嘎送的银制项圈给孩子戴上。2010 年后，双凤村很多人家在孩子满周岁时举行“抓周”仪式，父母亲为孩子在家里置办酒席，款待前来庆贺的亲戚，亲戚一般都会给孩子送“红包”和生日礼物。

**寄拜异性** 双凤村有孩子寄拜异姓的习惯，特别是家运不顺或孩子体弱多病、较为难养的人家。拜认干爹、干妈的人选或是做手艺的人，或是家里人丁兴旺的人，或是村中寡妇，等等。拜认干亲的那天要带上猪腿、酒、糖和给干爹干妈做好的布鞋送至其家，同时也要带上小孩，让小孩给干爹、干妈磕头，叫一声“干爹、干妈”。干爹、干妈按家中其他孩子的辈字为小孩取一个新名字，并用背笼装一套衣服、一个碗、一把勺

指路碑（挡箭碑）（2018 年）　　蒲忠胜　摄

送给孩子。吃一顿饭后，两家便成为亲戚，双方大人互称“亲家”，逢年过节孩子都要到干爹干妈家“打节、拜年”，干爹干妈给“打发钱”。

**立碑祈福** 双凤村土家族有为孩子立指路碑（又称挡箭碑）的习俗。孩子出生以后，为了好养，便在村寨不远处的十字路口或三岔路口立一块指路碑，碑上刻有上、下、左、右方向的地名，同时在左右两边还刻上“长命富贵、易养成人”或“张弓弦断、箭来碑挡”八个字。既方便行人出行，更是为了孩子健康成长的一种心理寄托。

## ◉ 生活习俗

### 饮食

双凤人的主食为稻米、苞谷等，面食相对较少。肉食有猪、鸡、鸭、鱼等。蔬菜主要有辣椒、黄瓜、南瓜、冬瓜、丝瓜、苦瓜、西红柿、豇豆、黄豆、萝卜、白菜、青菜等。佐料有生姜、葱蒜，以及木姜子（野生）等。

双凤人一般一日三餐，部分老年人仍然习惯一日两餐。吃饭时间根据农活时间而定，农忙时节的插秧，一般吃四餐。早上 4—5 点“过早”，“过早”大都吃糯米做的汤圆或绿豆粉，或是大米糍粑或是泡炒米、糖糁。据说“过早”吃汤圆有五谷丰登、吉祥如意之意。8 点左右吃早饭，12 点左右吃午饭，19 点左右吃晚饭。闲暇时吃饭时间变为早饭 8 点，午饭 12 点，晚饭 18 点。吃饭都在屋中的火坑边，并摆有小方桌，人多时也有到堂屋架上大桌子，一家人围在一起，其乐融融。

**特色酸辣味** 双凤人喜食泡辣椒、咸菜，经常腌制酸萝卜、豇豆、辣子、糯米酸揪辣子、苞谷酸揪辣子、剁椒酸揪辣子等。每年入秋之后，家家户户都要腌几坛辣品。从

土家腊肉嘎嘎（2017 年）

酸辣子（2018 年）　　周万全　摄

腊肉水酸菜火锅（2021 年）　　彭治顺　摄

前用土坛或瓦罐腌制，进入 21 世纪，常用矿泉水瓶灌装，10 瓶、20 瓶，多少不等。双凤村有句顺口溜：“三天不吃酸和辣，心里就像猫爪抓，走起路来脚杆软，看见东西眼睛花。”土家族菜肴讲究的是酸、辣、辛、香的味道。

**土家九大碗**　双凤土家人的九大碗（四个盘子、五个碗均为荤菜），其特色以蒸菜、炖菜为主。双凤村素有“九九归一”“九州方圆”“天长地久（九）”之说。另外“九”是“酒”的谐音，“酒”自然是衡量主人待客是否热情的标志。但双凤人在办席时，往往超过九个菜，如果刚好有“十”个菜也绝不能说是“十大碗”。因为“十”的谐音为“石”，猪才吃“石大碗”。菜品根据各家家境情况而定。但不管是婚丧嫁娶、孩子满月、老人祝寿，还是修建华堂等都是“九大碗”。“大碗”相对于炒菜的“盘子”而言，更能体现主人待客热情和大气。

**火坑一锅炊**　双凤村家家户户有火坑。火坑冬天用来烤火、炕腊肉，平时煮饭、炒菜等。火坑一锅炊一般在冬天进行，将荤菜一样一样炒好，分开倒在铁锅中，架在火坑的撑架上，并备好要用的蔬菜，边吃边涮，味道鲜美。

**鼎罐锅巴饭**　双凤村家家户户有鼎罐，用鼎罐煮锅巴饭。煮锅巴饭，先用鼎罐烧适量的开水，将米洗好淘净，滤干水。倒入鼎罐中，并用团瓢（一种在鼎罐煮饭的专用餐具）间断搅拌，防止米粒粘在鼎罐底。当米粒煮成半熟时将多余的米汤用团瓢滗出，在撑架上稍架一会儿，待冒出大气后端下，煨在火边，并按一致的方向转动，当饭有锅巴的香气溢出时，将鼎罐退后，只用微火烘烤，这样烤出的锅巴黄灿灿的，很香。

**居住**　土家族建寨立屋有看风水的习惯。“堂屋”正面板壁上，安有祭祖的神龛，神龛下放大方桌一张，作摆祭品的神桌。堂屋两边的房子用板壁隔成前后两间，前面一间作火堂，后面一间作卧房。一般父母住左边，俗语讲“左为上”，以示尊敬；儿媳住堂屋的右边。

**出行**　土家族人出行有“七不出门，八不归家”之说。土家族人认为，农历一月、四月、七月、十月的蛇日，冬月的鸡日，三月、六月、九月的牛日，均为“红煞日”，忌出远门。有“出门遇红煞，一去不归家 ”之说。

**待客**

双凤村民风古朴，村民非常好客，接待客人非常热情。

**抽叶子烟**　历史上，双凤人特别是有男性村民的家庭都会栽种烟草，除自用外，还用来招待客人。抽叶子烟一般为老年男性习惯。他们把烟叶在火上熛几路烘干后用双手搓成细末，有的用拇指和食指夹一坨烟末放到烟袋嘴里，再把烟袋老锅（一般为铜浇铸成）直接到火苗上点燃抽。烟袋杆短的有 0.4 米，长的有 1.2 米。不用烟袋的，就用纸裹烟叶或用烟叶裹烟叶办法吸烟，这种方法叫作抽“喇叭筒”。

**喝煨罐茶**　双凤土家人好客，客人进屋，男人要抽叶子烟，要喝煨罐茶，在没有保温瓶的时代，家家用茶罐在火坑煨茶。水开后将茶罐向后退一点防止水烧干，水温降了又将茶罐往火边推一下，来回往复，水保持在沸腾状态。煨罐茶被戏称为土家人火坑中的“不倒翁”。村内煨茶，多有藤藤茶、老茶叶茶、果果茶（茶叶树果）等。藤藤茶，又称长寿茶、神茶，学名茅岩莓，现称之为“莓茶”。

老人抽叶子烟（2019 年）　　蒲忠胜　摄

**吃鸡蛋茶** 吃鸡蛋茶是双凤人接待贵客的一种习俗。农历正月，客人进屋拜年要泡鸡蛋茶；生小孩甑祝米酒，女方娘家来人祝贺要泡鸡蛋茶；婚庆喜酒，男方亲戚要吃鸡蛋茶。来客一人一碗，一双筷子，碗内放有两个煮熟剥壳的鸡蛋。

**吃腊嘎嘎（腊肉）** 双凤村人吃腊肉，俗称吃“腊嘎嘎”。村内家家户户炕腊肉，炕干的腊肉放在谷仓中。办腊肉时，从仓中谷子里取出，在火坑边地板上用炭火将肉皮烧焦，并用刀刮去肉皮上的油腻，洗净，煮熟，再切成肉片，猪大肉肥的，一片有巴掌大。切好后，回锅翻炒，加入葱蒜，方可食用。在物资短缺时代，除过年吃餐饱腊肉外，平时很少吃，一般只在大的节日和家中来客才能吃。而且客人不好意思主动吃肉，多以主人夹到客人碗里，劝他吃。劝客吃肉的习俗，村内一直保持至今。

**信仰**

双凤人信奉多神，供奉祖先，崇拜神灵。在家中有白虎神、四官菩萨、灶神等，在外则有井神、树神、土地神等，还有负责打猎的梅山神，主管风调风顺的五谷神等。

**白虎神** 双凤村地处大山之中，古时山上多虎，虎成为与村民有密切联系的动物，双凤土家人信奉白虎神。他们把白虎分为两种，一是“坐堂白虎”，二是“穿堂白虎”。“坐堂白虎”为善神，居于家中，位置并不固定，专门护佑家人平安、生产丰收。村内有句俗话:“白虎穿堂过，无灾必有祸。”“过堂白虎”则为凶神，到处乱窜，它会伤害小孩，摄取小孩的魂魄，使小孩生病夭折。

双凤村流行给小孩戴“老虎帽”，有的在“大端午”（农历五月十五日）用雄黄酒在小孩头上画“井”字符或“十”字符。意在把小孩打扮成老虎模样，与虎同类，使老虎不至于伤害孩子。

**土地神** 20世纪50年代以前，双凤村有土地堂3处。一个在村西“齐力窟”东坡山脚；一个在村北“甲廓卧鲁”（当地土家语意为“竹林园圃”）山顶；还有一个在村东北“铃铃堡”北坡脚下。

相传，土地公公有两个婆婆，大老婆生三个儿子，小老婆生两个儿子。土地公公共有五个儿子。老大叫天堂土地神，老二叫地府土地神，老三叫作桥梁土地神，老四叫作庙神土地神，老五叫作蓝天土地神。每年正月和七月，双凤人都要到土地堂前祭祀土地神，到时还要由村内有威望的人来跳土地戏。

**井神** 双凤村有古井9口，村民崇拜井神。小孩满月时，要由母亲用摇窝背到井边来敬井神。年轻人结婚时，当新娘入门后，由辈分比新郎小的少女从水井端来一盆水让

古井（2021年） 彭治顺 摄

土地堂（2021年）彭治顺 摄

新娘家洗“和气脸”，保佑家庭成员和和美美。人老临终时，要从井里打来一桶水，待老人落气后给老人擦身，以示井神洗去老人一生的罪过，平平安安地进入另一个世界。

双凤人过年过节都要到水井旁上香、烧纸，感谢水井神。每年正月初一的清早，各家各户争先恐后到水井去挑“新水”，并在井边烧香、烧纸钱，以感谢井神的赐予。谁越早，水神给挑水早的人家新赐给的福气越多。大端午节，村民也要到井边烧香，烧纸钱，并提取井水，兑上雄黄酒，用刷耙蘸着在屋子周围洒上一圈，以求井神护佑自己的居住地。

**雨神** 双凤村地势高，水资源短缺，土家人特别信奉雨神。在村东头“官亭堡”坡上至今仍可见一摆手堂遗址，传说一到干旱季节，村民们便备上猪、牛、羊等祭品，由梯玛主持，聚集于摆手堂，请求雨神降下雨水。

**四官神** 即四官菩萨。双凤人也称之为四官神，是专门为土家人管理牲畜的神，供于三大门中的右门。每逢清明、端午、中秋、除夕等节庆时，家人要在门板上插香烧纸敬他。敬奉时，往往要念口诀：“四官大神，把门将军；诚心诚意，保佑我们；行东利东，行西利西；四方招财，八方进宝；六畜兴旺，水草长青。”传说四官菩萨多嘴，小气，脾气不好，容易发怒，家人得罪不起。若有冒犯，家人须对四官神燃香烧纸，请求神的宽恕。当地村民还常常会对乱生气的人说：“你是不是四官菩萨变的？”

**火神** 双凤人信仰火神，将火神供奉于伙房后壁右侧上方。在这里常年都烧有三炷香，以求火神保存火种。火坑里的火种一年四季长年不息，用灰蒙盖着，需要用火时，用火钳刨灰引火。火神负责照顾小孩，管理小孩从出生到成长全过程。村民敬火神，给火神上香、烧纸钱，认为小孩就不会生病，健康成长。

**灶神** 双凤人认为灶神是一家之主，是所有家神中最耿直的一个，能直达天庭，负责向玉皇大帝报告每家每户情况。俗语说："灶神菩萨上天——腰杆笔直。"若某家做饭时不讲卫生，灶神就会如实汇报，玉皇大帝就会罚该家庭生病。因此，家庭主妇进灶房前要先洗手、洗脸。土家人对灶神尊敬，过年过节都给他烧香、烧裹脚钱，做糯米粑，以便封住他的嘴，或者是给他吃糯米粑粑，让他只向玉皇大帝说好话。

**家先神** 双凤人称祖先为家先神，神位于每家堂屋后壁神龛上。双凤人神龛上敬奉家庭的历代祖先，是土家人最为重视的神位。敬奉的家先通常要上溯五代。家先神位有一副对联，上联为"金炉不断千年火"，下联为"玉盏常明万岁灯"，横批为"祖德流芳"。正中是"天地国亲师位"，左右各有一行小字。右侧为"九天司命太乙府君"，左侧为"彭氏堂上历代祖先"。若为田姓人家，则书写"田氏堂上历代祖先"。也有一些特殊的，比如上联为"宝鼎呈祥香结彩"，下联为"银台报喜烛生花"，横批"五世其昌"。每到除夕、清明、端午、重阳等节日，村民家家户户都要在神龛前祭拜祖先，祈求祖先保佑。

**梅山神** 双凤村的梅山神位于村西北"齐力窟"山坡的东北面，由三块40厘米长的石头垒合而成。村民在进山打猎前，有经验的老猎手往往要去敬梅山神，用三炷香裹在一张裹脚纸中压在石头下面。村民认为经过祭祀，梅山神就会被唤起，帮助猎人围捕野兽。打到猎物后，猎人还要在梅山神前杀一只公鸡以示感谢。

**树神** 双凤村百年古树很多。传说百年老树具有灵魂，它们能保佑人，甚至还能变成人，并与人交往。说到树神，村民常常会向你讲述这样一个故事：有三兄弟在常德行医，治好了不少病人，当别人要谢他们，问他们姓什么，从哪里来，他们说姓枫，老大叫枫大，老二叫枫二，老三叫枫三，家住永顺县和平乡双凤村。后来有人到双凤村找他们，哪里有什么姓枫的，只有三棵上千年历史的枫香树，每一棵都有三四个人合抱那么大，人们这才恍然大悟，原来就是枫树神。双凤村有孩子寄拜给枫香树了就给枫香树挂上一条三尺长的红布条，再贴上一张红纸，上面写上自己孩子的名字，从而保佑孩子健康成长。在村北拉古湖山坡上，沿古道山路有近百棵柏树，这些柏树大概有四五百年的历史。在这些树的树枝上，经常可以看到不知是谁家为孩子挂的红布条。

### 禁忌

双凤村历史悠久，几千年来遗留下的禁忌习俗，流传至今。

**生产禁忌** 双凤人在稻谷扬花之前不能吃青蛙，认为此时的青蛙肉是有毒的，吃了会肚子痛。

禁止在立夏日（另一说法是农历四月初八日）使用耕牛，因为这天是牛王下凡的日子，习惯上要让劳累一年的牛也能休息一天，否则牛会生病，或者不听使唤。

男人禁止赤膊去打猎，或者赤膊走过一些山洞，否则会冒犯猎神——梅山神。

每年农历正月、四月、七月、十月的蛇日，二月、五月、八月、冬月的鸡日，三月、六月、九月的牛日，均为“煞日”，村民在这一天禁止播种，有所谓“下种遇红煞，种粮不归家”之说。

忌手指小南瓜儿，否则瓜儿会长不大。

做工回来快到家里，锄头不能扛在肩上，要提在手上回家。

**小孩禁忌** 双凤村小孩不能吃鸡爪子，否则上学写字时，字写不工整，像鸡爪抓的；不能吃猪鼻子，若吃了就会像猪一样地打鼾；不能吃猪尾巴，吃了做事会落后；不能吃猪蹄子（分叉部分），吃了以后就找不到媳妇，即使找到了也会被别人打破而告吹等。

**节日禁忌** 春节前后，双凤人有“正月忌头，腊月忌尾”之说。在此期间，忌说不吉祥的话语，忌啼哭、摔破杯盘碗碟等。过年时，不能泡澡，否则来年会下大雨，冲垮田坎，冲毁土地；年三十不能去水井挑水，若去挑水就会搅扰龙王爷，招致水灾和旱灾；正月初一不许吵架、不许骂人。

**居住禁忌** 双凤人有“坟对包、屋对垭”的传说，修建房屋忌面对山包。房屋大门忌对弓形路与直路相交点，因为弓形路与直路相交呈射箭状，如果正对大门，主人不吉利。住房前不栽桑（树），后不栽樟（树），因“桑”与“丧”、“樟”与“脏”谐音。忌主人以外夫妻在主人住房内同床，即使女儿女婿也不例外。故有“宁肯借屋停丧，不肯借屋成双”之说。

**动物禁忌** 双凤人习惯区别对待家中养的畜禽，有的可以进屋，有的则绝不可以。狗和猫可以进屋，但鸡上了灶台，则是不吉利的，主人家会把鸡杀掉，并扔掉鸡头，只吃鸡肉。如果猪跑到屋里，也是很不吉利的。因此禁止大猪、小猪进屋。牛进堂屋，绝对犯忌，因为堂屋是供奉祖先牌位之地，牲畜进来会冲撞祖先。极为严重的是山里的鸟雀飞到屋里，意味着家里会发生不好的大事，甚至是有人去世。

20 世纪 50 年代以后，随着社会的发展，文化科学的进步，双凤村人的祭祀、禁忌习俗内容逐渐减少。

# ◉ 岁时习俗

## 过年

双凤村土家人过赶年比汉族人早一天。过年是土家人最重要的节日。凡外出的人，赶回家祭祖过年，也称“团年”。土家人平时俭省，过年则有丰富的菜肴。主要有鸡、猪头、腊肉、腊鱼（象征年年有余）等。吃饭之前要先祭祖先。祭品包括煮熟的半边猪头、鸡头（脚）、豆腐、米饭、酒、水果，还有香、纸、蜡烛等。用簸箕装满米饭，将猪头、鸡脚放置其上，并随意抓一把筷子插在上面。家中老人在前面端着簸箕，带领家庭成员在堂屋面对神龛跪拜。这天，还要在家中的大门、树木、家具、器物用具、猪牛圈栏上贴纸钱，称“贴喜钱”，意为家里的用具也辛苦一年了，要感谢它们。“喜钱”在农历正月十五后撕去，并在家中的堂屋中烧掉。大年初一开始拜年。从初三、初五或初七（一定是单日子）开始，双凤村“七寨半”的人都要聚集到双凤村摆手堂跳摆手舞。双凤村年关期间还有以下习俗。

**过小年**　双凤村土家人腊月二十三日过小年。“小年”这天传说是“灶王爷上天”之日，民谣中“二十三，糖瓜粘”，即指每年农历腊月二十三，村民家中杀鸡宰鸭，比平常要多做几个荤菜，晚饭后灶台不能盖锅盖，传说盖锅盖后，灶神就不能上天了。

**除阳尘**　腊月二十三日，这是约定俗成的扫除日。双凤村家家户户都要打扫卫生。腊月二十三日之后，家家户户写对联。贴对联讲究有神必贴，每门必贴，内容多为敬仰和祈福之意。大门上的对联是一家的门面，主人特别重视。

**推豆腐**　农历腊月二十六日左右开始推豆腐，即制作新鲜豆腐。一般两家人邀约一起做，意为“相扶相伴”。过年的豆腐一般推两板，一板做干豆腐，一板做霉豆腐。双凤人将黄豆浸泡、过滤、磨成浆，用开水冲浆，包袱过滤，倒入锅中煮沸。待锅里的浆烧开后倒入“豆腐桶”，盖上盖子稍许冷却，将石膏水缓慢倒入桶内，边倒边搅拌浆液，待浆液开始分离且无混浊时，停止倒入石膏水，盖上桶盖，约五分钟后，取一根筷子竖着插入桶内的浆液中，若筷子能直立不倒时，将其倒入事先铺好包布的豆腐箱内，盖好包布和木盖，再压上石头。几小时后，即成为洁白如玉、清香可口的豆腐。可煎、煮、炸，可生吃、熟吃。豆腐做成后，将豆腐划成条形、四方形、三角形等各种形状，用油炸成颜色金黄的炸豆腐，味道鲜美，堪称一绝。

推豆腐（2018 年）

打年粑（2021 年）

**打年粑** 将糯米洗净、浸泡、滤干，用甑子蒸熟后，倒进粑粑槽，土家汉子们用两把“丁”字形木槌，你一槌我一槌，“哼、哈、哼、哈”，节奏欢快、动作敏捷地把糯米饭打揉成绵软柔韧的糯米团，取出放在四方大桌子上。妇女们先将桌子擦洗干净，涂上蜡油（一种蜜蜂蜡与茶油经高温溶解形成的混合液体），趁热将糯米团分成大小适中的球形小团，后用特制的木板将糯米团均匀地压成圆饼。年粑大小分三种，小的一般有小碗口大，主要用于山中劳动时当午饭。中等的有海螺大，供饭量大的人食用。最大的叫“破拢粑粑”，有洗脸盆大，做一个“破拢粑粑”需要糯米 1.5 ~ 2.5 千克，用于婚庆祝福。既象征“五谷丰登”，又显示土家人的慷慨大方。“破拢粑粑”还有一个传说，田姓祖先原有九兄弟和一个妹妹，妹妹出嫁后又多了一个女婿。由于他们势力大，皇帝担心他们独霸一方，影响朝廷统治地位，便派官兵试图将其剿灭。官兵来时正逢农历腊月二十八，田氏家人正在打粑粑，看到来势汹汹的官兵，兄弟们急忙将槽中粑粑分成几坨，用簸箕端上山。官兵走后，几弟兄端着粑粑回家，发现粑粑已合拢变硬难以分开，吃时用刀切、火烧、油煎。后来，几弟兄各居一方，繁衍后代，他们都没忘记当年的苦难。为纪念当年之事，以后每年他们都制作几个这样大的粑粑用来分食。这种习俗一直承袭下来。制作“破拢粑粑”，意为破开了自然会聚拢起来，寓意“破镜重圆”。

**炸糖糁** 炸糖糁是双凤人一大习俗。糖糁也是用糯米加工制成，先将糯米浸泡一晚，用力搓洗至洁白发亮，滤干上甑蒸熟，舀出放入光滑的圆形竹圈内，用手掌轻轻推压竹圈内的糯米饭，使其变成厚薄均匀的圆饼，不能用力过猛，会压烂米粒。用染成红、蓝颜色的糯米饭粒，摆成囍、福、寿等字；一个糖糁堆一个字，四个糖糁为一组，

炸溏糁（2021 年）　　彭治顺　摄

有“五谷丰登”“丰衣足食”“春色满园”等，有的绘上山水、花鸟或花边图案。一切摆绘完毕后，取出竹圈，放在太阳光下晒干，食用时油炸，香脆可口。

**杀年猪**　冬至过后，双凤村人开始杀年猪。土家族习俗有“鱼吃跳，猪吃叫”的说法，说是刚杀的热肉格外好吃，另有一番风味。双凤人杀年猪选择吉日，一般选在属牛日，寓意猪长成牛大。日子选定后，盛情邀请左邻右舍，亲朋好友一起聚餐。杀年猪时，主人要准备好一盆糯米与猪血拌和，加入五香粉、食盐，灌入洗净的猪大肠内，30 厘米长一段，两头用纱线扎紧，上蒸笼蒸熟，一般需蒸 1 ~ 2 个小时，蒸熟后在吊炕上熏干，这就是双凤人特制的风味食品“血粑粑”，或称“血灌肠”。烹饪时或炒或煮或炸均可。

猪杀好后，屠夫会割下几大块肉叫主人煮熟清炒，做泡汤肉，准备会餐。然后将肉按部位砍成 2.5 千克大小的肉块，涂上食盐、花椒和木姜子粉，放入大缸或大盆或木桶腌渍一周，不盖盖子。然后，挂在吊炕上熏烤。挂炕半月，水分即干，吃“抱养肉”，味道鲜美。炕上一月，肉色鲜红透亮，肥而不腻，清香扑鼻，即为腊肉。

**洗旧疾**　腊月二十七日，如遇天气晴朗，双凤人都会将家中要洗的衣物、餐具等搬出来清洗晒干，洗去污渍，洗去一年来不顺心的事，洗去身上的疾病，以健康的身体、清洁的环境迎接新的一年。

**办年饭**　双凤人过年办年饭非常丰盛，有土家腊肉、腊猪脚炖海带、黑木耳炖土鸡、血粑粑洋鸭子、红烧肉、扣肉、粉蒸肉、炸豆腐、干鱼、黄雀肉、野猪肉、青菜共十二碗。十二个菜象征一年十二个月“月月红”。

**祭祖先** 待年饭办成后，双凤人都会带上粑粑、豆腐、糖糁、刀头（二寸见方的腊肉坨）、鸡头、鸡脚等祭品与香纸蜡烛前往祖先坟前祭祀。将祭品摆在坟前，跪着点燃香纸蜡烛，放上一挂鞭炮。同时，还要去敬八部大神，到土地堂敬土地神，到井旁敬水井神，到堂屋敬祖先。土家人不仅把历史上起过重大作用，战功赫赫的远古祖先当作族神顶礼膜拜，千秋祭祀，而且还将各自家族的列祖列宗当作家先神常年供奉，香火不熄。每家堂屋都设有家先神位，谓之神龛。过年这天，要将常年供奉在神龛上的先人牌位及香炉、烛台，都取下来清洗干净后复归原位。全家男人在辈分最高的长辈带领下，面对家先牌位焚香燃烛、磕头礼拜。一是请历代家先与子孙后辈们一起吃团年饭，过上一个热闹愉快的年；二是祈求家先保佑子孙后辈来年五谷丰登、六畜兴旺、财源茂盛、阖家欢乐。

**土家年** 土家人比汉族人提前一天过年，这叫土家年，有的也叫“过赶年”。缘由有两种：一种是抗击异族说。当时战争频繁，土家人年前探知敌人要趁过年时来偷袭。头领让大家提前一天过团圆年，第二天，敌人果然来了，却不知土家人已做好充分准备，被打得落花流水。因为胜利源于提前过年做好准备，为了纪念这个节日，提前一天过年的习俗一代代沿袭下来。另一种是抗击倭寇说。在明嘉靖年间，倭寇入侵中国，土

土家年酒席（2015 年） 李永生 摄

土家年火锅准备（2015 年） 彭俊生 摄

家人正热热闹闹准备过年，突然朝廷下达圣旨，调集土家族士兵赶赴东南沿海抗击倭寇。按行程计算按时到达指定地点，就无法过年了。为让这些即将出征的官兵也过上一个团圆年，土司决定提前过年。待官兵们与家人团圆过年后，土司王带着这些官兵即刻奔赴抗倭前线，按时赶到指定地点，大败倭寇。为纪念此次征战胜利，表达对抗倭将士的深切怀念，每逢过年，土家人都要提前一天。久而久之，就形成土家人的一种过年习俗。

过年这天，在堂屋神龛下的大桌子上，摆上猪头、粑粑、糖糁、鸡肉、水果、糖等祭品。吃过早饭后，开始扫屋檐沟，寓意家里来年顺顺利利，平平安安。屋前、屋后的灰尘也要抹干净，但绝不能打扫屋内的灰。还要到去世的亲人坟前去祭奠，烧香、烧纸、点蜡烛、放鞭炮。

从这天晚上起到正月十五家里不能再用灶。过年这一天，家里要用大甑子蒸好饭，分量可供全家人一直吃到正月十五。在这十多天中，甑子里绝对不可以空着。饭快要吃完的时候，可在家中火坑生火，用鼎罐重新煮饭，将饭盛入木甑中。吃饭前首先要在神龛上点灯，一方面是祭祀祖先；另一方面是祈求家里来年会红红火火。然后分别到猪圈、灶房、堂屋的中柱前敬菩萨，敬完后放鞭炮。吃饭的时候要把大门关上，任谁敲都不开。吃饭的时候不能喝汤，否则来年会垮田坎。饭菜中忌讳放辣椒，以表示菜是新鲜的，没有用辣椒掩盖变质物品。菜肴中一定要有青菜和豆腐，取“清清白白”之意。晚上，全家人会围在火坑边烤旺火，烧一个大树蔸，若树蔸烧空成猪槽形，寓意来年喂猪一定顺利。一般烤旺火要烧到晚上 12 点，此时大家会燃放烟花爆竹来抢新年、迎新春，看谁家的鞭炮最多最响，抢年后大家才去睡觉。同时，家中的老人还要在家祭拜四官菩萨，给菩萨烧香纸，以祈求第二年猪会长得肥肥壮壮。

**团大年** 团大年讲究的是合家团圆的欢乐气氛。年前，亲人们从千里之外往家赶，不管花多大代价，图的是全家老少团聚同桌吃饭。团年饭是土家人过年中最重要的一项仪式。祭祀完祖先后，将各种年饭菜摆上桌，按辈分高低入座，辈分最大最年长的人坐上位，待长辈坐好后小辈才陆续坐下。每人夹一坨肉放在自己碗内的饭上，插上筷子，将三杯美酒洒于地上，恭请列祖列宗上桌吃饭。对于祭祀时所用过的饭菜，十二岁以下的小孩是不能吃的，传说吃了会记忆力不好，多忘事，所以必须另盛饭给小孩子吃。平时小孩剩饭大人要批评，可吃团年饭，小孩碗里剩得越多越好，意味来年丰收有余。吃完饭，放鞭炮，谁家的鞭炮响得最早，谁家就会抢到来年的好年成。

**迎新年** 初一早上起来要打扫屋子、挑水、捡柴。打扫房屋的顺序是从堂屋开始，接着是房间、火场、天坪。垃圾不能外倒，可选一角堆放，外倒意为“破财”。挑水时要敬井神，在井边插上香纸。砍柴的人从外面回来，口中要喊“进柴了”（谐音“进财”），家中人应“柴到了”（谐音“财到了”）。早饭要吃面条求长寿。小孩子要看一会

土家人团大年（2012 年） 卢瑞生 摄

儿书、写一些字，表示这一年成绩会好。村民要用锄头在自家的地里挖一下，以求当年家里田地收成都好。初一给长辈拜年，哥哥弟弟先进门，姐姐妹妹再进门。如果女孩初一去父母家拜年，晚上则要在父母家住，因为双凤村有“初二在家不出门”的说法。初二是空日子，如果出门，家里会什么都没有了，有“大空空天下，小空空一家”的老话。双凤村还有从过年到正月十五不做工的习俗。

**元宵**　正月十五这天，要吃鸡、鸭、鱼和蔬菜，特别是要吃腊猪头和腊猪脚。元宵节吃的肉叫“爬坡肉”，寓意吃肉之后，正月十六日就要开始出门做工或上坡劳动了。

**土地公公生日**　二月初二是土地公公生日。历史上的这天，每家每户吃过早饭后就去土地堂，自己带上食品（如酒、豆腐、白菜）去那里生火煮饭，吃完饭后才回家。每逢过年，都在土地堂前杀鸡敬香、烧纸钱，这一习俗基本沿袭下来。

**清明节**　双凤村清明节的习俗主要是“挂青”，即挂冥纸。冥纸是挂在坟上，不烧。冥纸有用五颜六色的纸自己剪的，也有到冥品店买的千叠纸。挂冥纸时要烧冥币、点蜡烛、烧香、燃放鞭炮，要将坟墓周围的杂树杂草清理掉，露出坟包，俗话说“明坟暗屋”，坟前不能有遮挡物。一切就绪后，回到家中过清明节。这天要吃蒿子粑粑、豆腐、猪肉等，还要在家里燃放鞭炮、烧香、点蜡烛。

**四月八**　传说四月初八是牛王下凡的日子。牛王下凡后老老实实帮人耕田，任劳任怨，人吃五谷它吃草。双凤人为表示对牛王的感激，把四月初八定为牛王节。“四月八，牛歇枷。”这天，要把牛栏打扫得干干净净，让牛得到休息，并给牛割嫩草、煮稀饭、吃鸡蛋，同时还要唱《祝牛王词》：

世界上最苦的是你哩，
世界上最好的是你哩，
拖了一年犁耙。
嘴巴里吃的是青草哩，
正二三月夜里哩，
落了瓢倒大雨，
主人要摸黑整田哩。
火把绑在你的角上，
雷公也助威哩，
吼得地皮也震动了。

主人拼命鞭打哩，
新搓的缆绳也扯断了哩。
看看你那架枷档的地方，
看看你那拖缆索的地方，
活肉变成了死坨坨，
你口中没有半句怨言哩。

**大端午** 双凤人把传统的端午节称为小端午，农历五月十五才是土家族三大节日之一的“大端午”。过大端午，村民有请客吃饭的习俗，客人越多表示家庭越兴旺，一般是吃三顿。同汉族一样，也包粽子、吃粽子。在双凤村，家家户户都有种糯谷的习惯，糯米可以做粑粑，煮甜酒。过节时，村民要到山坡上去摘粽粑叶，粽粑叶比竹叶宽大很多，比竹叶的竹香味更浓，还要砍回粽叶心，阴干或过火烘干至六成，用于绑捆粽子。粽子粑粑品种很多，有腊肉大蒜粽、绿豆红豆粽、花生红枣粽等。粽子粑粑包好后用水煮熟，待米煮烂至软糯即可起锅食用。粽子粑粑一般添加有食用碱，增加色香味，加碱的粽粑为淡黄色，香气更浓；不加碱的粽粑为乳白色，香味淡。端午节吃饭时，每家每户都喝雄黄酒，没有喝完的酒则兑上水，用扫帚洒在自家房子周围，以驱赶蛇和蚊虫，辟邪气。

**六月六（尝新节）** “六月六”是土家族一个重要的传统节日，但并非土家族所特有，它既有汉族节日的史影，又有土家族特色。土家族将“六月六”称为“晒龙袍”。同时，土家人认为“六月六”是太阳的生日，要敬祭太阳神，祈求太阳神赐给阳光，温暖万物，确保丰收。“六月六”这天若遇卯日，又称“尝新节”。双凤人很重视“尝新节”，这天专吃新鲜东西，主要是到地里摘些新鲜的苞谷煮食或烤食。另外，过去村内还有喝泡汤的习俗。“六月六”这天，“七寨半”每户人家都派一个代表到双凤村来，大家合杀一头猪，把猪肉切成片放在两个大锅中煮，在场的人一人喝一碗肉汤，即泡汤，而将煮好的肉用桐树叶包好带回家，给老人和小孩吃。他们相信祖上传教，吃了泡汤就可以消除百病，无灾无难。杀猪的肉钱由大家分摊。

**七月半** 双凤村土家人过的“七月半”是农历七月十三，也称“鬼节”。这天，村民在家门口给去世家人烧纸、送寒衣（用纸做成的鞋、袜、衣服等，并装在纸做的30 ~ 40厘米的箱子中焚烧）。晚上6点左右，烧香纸、蜡烛时，要按逝去家人数在地上用火灰画圈，圈不封口。

“七月半”祭祀的准备从早上开始。清早起床后开始打冥钱，所打的冥钱分两种：

一种有孔，是打给家里祖先的；另一种无孔，是打给年轻的亡人。正式的祭祀在晚饭前开始，这天每家每户都是很早就准备晚饭，比较丰盛，有猪肉和酒。下午 5 点左右，一切准备就绪，按堂屋、房屋中柱、屋檐、灶房、火堂中柱顺序，依次祭家先菩萨、左丞右相、把门将军、灶神菩萨、麻麻姑娘等。

**中秋节** 农历八月十五，双凤村人都要到乡场上或县城买月饼。村里杀一头或两头猪，先敬菩萨，然后大家一起分享表示大家和谐团结。

土家人把月亮当作成人之美的红娘。自然，中秋节就是“月老大人”的寿辰，于是人们便做糯米粑粑，“拜月”为其祝寿。土家男女确定恋爱关系后，每年中秋节等重大喜庆节日，男方要到女方家去做客，并送去一些礼品，联络男女双方的感情。当男方回家的时候，姑娘会送给心上人两双鞋垫，鞋垫上绣上“花好月圆”“百年鸾凤”的佳句。

**大重阳** 双凤村的重阳节不是农历九月初九，而是农历九月十九。吃晚饭前在家里堂屋中敬家先菩萨，给菩萨烧香、烧冥钱，然后再敬土地公公。祭品包括公鸡头、公鸡脚、猪肉、酒等。具体做法是用一个大碗盛半碗饭，饭上放上鸡头、鸡脚，并在碗里插上一双筷子，同时给土地公公烧香纸蜡烛。祭祀由男性长者进行，女性不能参与。

## ◉ 社会习俗

**过继** 在双凤村有两种情形。一是孩子身体软弱，经常患病。双凤人就把孩子寄拜给牛、石头、大树、桥、水井等，对于命里缺“金木水火土”中的某一样的，就把孩子寄拜给所缺的五行之一。二是家庭或亲戚没有儿女的，哪家有两个以上男孩，有过继一个的。这种过继，是为养老送终，延续香火。

**抱养** 抱养一方主要是无生育能力，但又喜欢有一个孩子，希望老了以后有人照看，就想方设法抱养一个。被抱养的孩子一般都是非婚生育的子女，自己不方便养，就找一家条件好的家庭来抱养。双方都相当保密，一般由中间人进行，互不知晓对方情况。

**分家** 双凤村有句俗话：“树大分丫，儿大分家。”村人祖祖辈辈一生都是为了自己的子女。他们不仅要把子女养育成人，而且还要负责子女成家。父母的财产最后都由儿子们按平均分配原则继承。分家时有几个儿子的，则把财产平均分成几份。每个儿子各占一份。儿子结婚一个，财产就分割一份。留下的财产归父母掌管，等积蓄到一定程度，再操办另一个儿子的婚事，分出去的儿子这时有义务帮还没有结婚的兄弟成家。于是财产再分，比照第一个儿子结婚时的分法，直到儿子们全部成家。父母去世后，父母遗产再行分配，一般根据儿子赡养父母的情况处理。

**拜师收徒** 双凤村拜师收徒的门类很多，不论是过去传统工匠，还是现代技工，都要拜请一位名师传教。过去，裁缝师傅带徒弟，三年满师，三年内不给工钱。同时，徒弟自认作师父那天起，每年要带上礼物，到师父家拜年，师父也给徒弟打发（钱）。

**探望病人** 双凤人重感情，讲仁义。亲戚家或寨邻、朋友生病住院，都会前去探望。探望病人礼物购买也有所不同，如去探望产妇一般要送只大公鸡，有时还会买一套婴儿衣裳或几斤红糖。若探望老者，带的食品要比较适合老年人口味。

## ◉ 土家服饰

**男装** 双凤村土家族男子常裹青丝帕或青布帕，青年人不像老人那样经常戴。这种头帕宽约 30 厘米，长约 3 米。包头时，将头帕一圈接一圈地裹在头上，前面看上去呈人字形。较古老的男装上衣是琵琶襟，安铜制扣子，衣边上贴有梅条和“银钩”。村内老人介绍，清代、民国时期，双凤土家人主要穿满襟衣服，这种上衣在身体斜前分开（一般由颈口向右分开，称右开襟），无衣领。穿的时候，把上衣的一边与另一边斜着扣在一起，并系上腰带，颈口和袖口上钉蓝格布用作装饰。20 世纪 50 年代，开始穿对襟上衣，高衣领，衣袖小而长，胸前正中安五至七粒对排的布扣。裤子以青色（过去土家族人称黑色为青色）或蓝色布料制成。大裤裆，短裤脚，白布裤腰，裤脚边钉有蓝格布，裤子上无口袋。腰缠幅面较宽的绣花板带或布腰带。年轻人可挂情人送的荷包，以示炫耀。老年人则将烟袋插在腰带里，烟袋上吊有纸媒子，火镰石（现在挂打火机），烟盒等。脚穿青面白底布鞋。

**女装** 妇女裹头用的也是青丝帕或青布帕，一般比男子的略长。包头时也是一圈一圈地裹，只是最后不包作人字形。妇女的衣服有左开襟和右开襟两种。左开襟，袖大而短，无衣领，绣花边；右开襟，外托肩，无衣领，滚花边。衣襟和袖口处有两条不同的青边，不贴花条。女裤用青布或蓝布料制成，加白裤腰，蓝布加青边，青布加蓝边，稍上贴白花梅条。女鞋讲究美观，鞋口滚边挑花，鞋面用青色、蓝色或粉红色布料，上面绣各种花草鱼虫，如蝴蝶、蜜蜂等。

新娘出嫁时穿的“露水衣”最为漂亮和艳丽。衣服为右开襟，大袖大摆，色彩鲜

土家族男装（2021 年）　　彭治顺　摄

土家族婚后女装（2021 年）　　彭治顺　摄

艳，下着八幅罗裙，或百褶裙，佩戴全套银饰，琳琅满目，熠熠发光。头上戴“箍箍帽”，俗称“凤冠”。

女子的发式因年龄不同而改变，小女孩蓄茶盖头或梳羊角辫，长大留独辫，系红绿蓝青色头绳，但额前禁蓄刘海。结婚后挽做“粑粑髻”。

妇女的装饰品主要是耳环，多为银制，也有铜制或金制的，女子一般十八岁以后就可以穿耳洞，戴耳环。此外女子的饰品还有头上插的簪子，身上戴的还有项圈、手镯、足圈以及戒指等。戒指大多是有钱人家的妇女才戴，多数是黄金制成，也有银质的。

**童装**　儿童服饰的特点主要表现在帽子上，帽子样式按孩子年龄的大小和季节的不同而不同。满月婴儿，用布或小手巾缝“金瓜小帽”。半岁左右，春秋季戴“虎头帽”，穿“虎头鞋”。虎头帽左右有耳、前张，耳上皆绣“王”字，帽子正面嵌了用银子打制的菩萨，或“福禄寿喜”字样，帽子后面缀一块黑色布帕，用红绿两色的经线绣上花，帽尖处用银链穿过，并缀以 6 个银铃。它是冬天抱孩子外出时给孩子戴的，也叫“风帽”，可挡风保暖。还有“荷叶帽”，又称“扣帽”，由两块荷叶片式的布缝合在一起制成，又叫“顶顶（儿）帽”，布上同样绣花，缀 6 个银铃，主要在天冷时戴。夏天戴的帽子有“圈圈帽”和“小圆帽”。“圈圈帽”的制作通常是把布条缝成圆圈状，并用红线绣上龙图案或花图案，最后在正面钉上 10 个用银子打制的菩萨。小孩的脖子上戴有项圈，项圈上挂着长命富贵锁；手上、脚上戴手镯或脚镯，项圈和镯子一般都是银质的，但也有铜制的。

# ◉ 美食小吃

## 菜肴

**红烧肉** 红烧肉是双凤村红白喜事酒席的一道主菜。它以口感软糯、味道香甜为特色，老少皆宜。选取带皮的猪五花肉，肥肉、瘦肉基本各占一半。首先将猪肉切成小块，将铁锅底烧红，将猪肉皮一面放在锅底上烙成焦黄色，洗净后放入大锅中水煮，除去血水，当肉有八九成熟时起锅，稍待冷却切成2厘米见方的肉坨。锅中少许放油，盐适量，加入红糖、生抽、老抽，中火熬到糖起泡，放入大蒜末、生姜、桂皮、八角、料酒煸炒出香味。将肉坨余汁一起倒入大锅中翻炒均匀，使每块肉都上色，炒至水干，五花肉油脂煸出，加入清汤（冷水也可），汤要盖过肉1厘米，盖上锅盖熬煮约一个小时，当水熬干，出少许油时，起锅煨炖。把熬煮好的红烧肉装入炖缸，放在火坑上煨炖。煨炖主要起保温的作用，天冷时必须煨炖，天热可不煨炖。

土家红烧肉（2018年）

**扣肉** 双凤村的宴席上都有一碗扣肉。在土家人家做客，上了扣肉，象征来了尊贵客人。做扣肉工序较多。古代做扣肉时会用到蜂蜜、茶油。现在大都用啤酒、可乐、菜油。扣肉一般选用猪的五花肉，因为五花肉半瘦半肥，做的扣肉既好看又好吃。制作过程：将五花肉肉皮烙好或烧好，然后分成碗能装下的小块，清洗干净。把啤酒、可乐、水倒入锅中，然后把五花肉放在锅里，用大火煮40分钟左右，能用筷子将肉轻松插穿，即可捞出。热锅下油，待油翻滚，肉下锅开始炸。先大火后用微火慢慢油炸，一般5～8分钟，肉变成淡红色即可。把炸好的肉放在另外的大锅（大盆）冷却，冷却后捞出，切片。将切好的肉片倒入大盆中，撒上食盐、花椒粉、胡椒粉、生抽、味精、五香粉等佐料，搅拌好后装入小碗。每碗八片或

扣肉（2018年）

十片，原则上酒席上一人一片，肉皮朝碗底，整齐排列，上面放浸泡好的干豇豆或干笋子、干青菜、炒好的苞谷粉拶辣子，在大锅上架蒸笼蒸，约两个小时，蒸好后等待出席。出菜时将碗中的肉反扣在一个盘子上，取走小碗，故称作“扣肉”。

**水煮荷包蛋**　荷包蛋主要用鸡蛋制作。双凤村家家养鸡，户户有蛋。水煮荷包蛋一般为病人、产妇补充营养食用，也有用于招待客人。水煮荷包蛋的做法既简单又有技巧。首先，锅里放适量清水大火烧开，将勺子在开水中煮热，舀出半碗开水。然后将鸡蛋打入盛热水的碗里，静置 1 ~ 2 分钟；将火门调小，锅内的水不再大面积翻滚时，把碗贴近锅中的水面倾斜，让碗中变白的蛋液和水一同滑入锅内，稍候，逐渐调高火门，开锅保持两分钟即可食用，喜欢溏心蛋多的，可以少煮一会，喜欢吃定心蛋的（刚熟透），小火时间控制在 5 分钟左右。

水煮荷包蛋（2018 年）

**砂罐炖土鸡**　双凤人养的鸡均为自家散养的土鸡。在村内，砂罐炖土鸡并加黑木耳是一道名菜。选取土鸡一只，剁成小块；黑木耳 30 克，加温水提前泡发。将泡发并洗净的黑木耳用开水焯一下。植物油爆香姜、葱、蒜和泡椒，加入花椒、八角和桂皮，加入土鸡块儿同炒。加入料酒，鸡块儿炒至黄色后转入砂罐中，加入适量清水，大火煮开转中火炖 40 分钟后加入黑木耳，再接着炖 20 分钟后，加盐调味，用餐时盛入大碗，撒上胡椒粉即可食用。

**鼎罐炖猪脚**　双凤人过节习惯用鼎罐炖猪脚并加海带。做法：首先把猪脚用炭火烧至表皮焦黄，洗净，剁成小块。然后加料酒焯水，沥干备用。准备好桂皮、草果、山奈、干辣椒、姜、八角、茴香等佐料，锅中放少量油，油热下入冰糖，待糖油变黄起泡，也可以不放冰糖，直接倒入猪脚肉翻炒至水分干刚出油，加入佐料及老姜后翻炒 3 分钟，再加入生抽翻炒上色。把炒好的猪脚倒入鼎罐，加开水，水要多一点，没过猪脚肉约 3 厘米，中火炖半小时转小火继续炖，直到猪脚煮

鼎罐炖猪脚（2018 年）

软。海带提前泡好，手工挽成小节节，在开水中焯 3 分钟沥干水，加入鼎罐中与猪脚一起炖 30 分钟。中途不添加冷水，可加开水，待汤汁变浓，猪蹄熟透时舀出，撒上葱花、胡椒粉，即可食用。

**苞谷粉捞辣子** 苞谷粉捞辣子是双凤人的一种辣味菜，属于干菜类。苞谷粉捞辣子用油加工后，盛入玻璃瓶加盖，7 天内不会变质。将鲜苞谷籽加工成苞谷粉，苞谷籽外壳用竹筛除掉，加以一厘米一节的红辣椒，用机械搅拌粉碎（过去用碓马搅拌舂碎）。苞谷以用黄苞谷为佳。辣子的多少以多数人的口味而定，不能太多或太少。加工后的苞谷粉辣子可以加少量的整个红辣椒一起用坛子装好，坛口扎上稻草或棕叶、桐叶，防止粉粒倒出。倒扑在盛有水的小盆内，水起密封的作用，粉辣子吃完前，翻水钵的水要每半月换一次，水不能干，否则苞谷粉捞辣子就要变味，失去香气。一般捞 7 天即可食用。大多数农户用洗净消毒的矿泉水瓶盛装，食用方便。

包谷粉捞辣子（2018 年） 周万全 摄

**酸辣面糊** 双凤村人的一道家常素菜。主料是苞谷粉捞辣子，配料很多，各具特色。有白萝卜丝酸辣糊、地耳酸辣糊、白菜酸辣糊、山胡葱酸辣糊、银耳酸辣糊等。做法：一般放油少许，将配料在锅中煸炒片刻倒入冷水，即将酸辣苞谷粉适量倒入水中，用锅铲反复搅拌，防止成坨和粘锅，糊开锅后加盐及佐料即可上桌食用。

**酸鱼、酸肉** 双凤村人经常制作酸肉酸鱼，这是双凤土家人的特色菜。首先准备好肥猪肉 750 克、青蒜 25 克、辣椒（红、尖、干）15 克、花生油 50 克，然后将猪肉清洗干净，沥干水后切成厚片。再放入食盐、花椒粉拌匀后腌制三五个小时，然后倒入玉米粉或糯米粉，再放适量的盐搅拌均匀。将全部调料与猪肉一起搅拌均匀，放入密封的容器里面腌制，大约腌制半个月即可食用。烹调时将黏附在酸肉上的玉米粉扒入瓷盘里备用，将干红辣椒切细，青蒜切成小段，锅烧热后倒入

酸鱼和酸肉（2017 年）

油，油烧热后放入酸肉，放入干辣椒。翻炒 2 分钟左右出油，盛出，倒入酸玉米粉，翻炒成黄色，然后和酸肉一起放入翻炒。最后倒入肉汤焖 2 分钟，汤汁快收干的时候放入青蒜翻炒片刻，起锅装盘。

酸鱼的做法与酸肉做法基本相同，酸鱼一般用三指宽大小的小鱼，破肚取除内脏，沥干水分后腌制，因为鱼有小刺，一般为炸干后作干菜上桌，不用汤焖。但也有炸干后煮汤，以喝汤为主。

**小吃**

勤劳睿智的土家人在长期的生产生活实践中，运用当地不同的特色食材，采用不同的方法研制出不同风味的特色小吃，主要有烧烤、油炸、蒸煮等食品。

**烧苞谷（玉米）** 是一种味道极佳的小吃，村民有句俗话："煮的熬的，不敌烧的。"每年农历七至九月，把刚摘的嫩苞谷带叶子一起在火上烧烤，待有七成熟后掰掉叶子，再翻转烧烤，这样用柴火烧烤出来的苞谷外焦里嫩，香香脆脆，令人回味无穷，成为很多人的美好记忆。

**烧洋芋** 洋芋即土豆，淀粉多，营养丰富，烧洋芋是最乡土的吃法，土家山区家家都有火坑，冬天围炉烤火时，随手取几个洋芋，用铁钳把洋芋埋在火坑里有赤火的灰中，过一会儿，洋芋香气就会烧出，即洋芋烧熟，刨出后，吹吹拍拍，剥掉表皮，吃进嘴里，满口生香。

**烧苕（红薯）** 红苕又叫番薯，含有丰富的蛋白质、淀粉、氨基酸、维生素等多种营养，土家山区盛产红苕，土家人爱吃烧红苕。在火坑里或柴火堆里焖几个红苕，待红苕烧熟后用手拍掉泥土火灰，剥掉表皮，即可食用，味美香甜。

**油粑粑** 双凤村人叫灯盏窝。它是将浸泡过的大米、黄豆磨成浆，把米浆舀在铁质

烧苞谷（2021 年）

张永红　摄　　烧苕（2017 年）

的模具里，放进油锅里油炸，待米浆炸硬发泡后从模具里浮出来，在油锅里再反复翻转油炸，直至炸成焦黄色，散发出油炸香味，这就是油粑粑。如果里面放些辣椒、山胡葱、葱蒜、酸菜，油粑粑更具酸辣香味；如拌些鲜肉丝，油粑粑便透出肉香。外层香脆，里面松软，充满团团热气，轻轻一咬，油香、豆香四溢，油粑粑成为双凤村民的特色食品。

油粑粑（2021 年）　　彭治顺　摄

## ◉ 风味特产

**茶叶**　20 世纪 50 年代，村内有茶叶栽培，种植面积小，产量低，品质不高。80 年代，部分农户利用双凤海拔高、土质好等独特自然条件，发展茶叶生产。2003 年，村内生产的“双凤栖茶”，在湖南省第六届“湘茶杯”名优茶比赛中获银质奖。次年产茶 1.8 吨。2010 年增加到 12.2 吨。之后大部分茶园逐年荒废，产量锐减。实施精准扶贫后，2018 年，全村有 81 户农户种植茶叶，茶叶面积 410 亩，产茶叶 510 千克，实现茶叶销售收入 11.8 万元，茶叶品种主要有云雾绿茶、白毫早、碧香早、芙蓉绿毫等。

制茶（2018 年）

深山养蜂（2021 年）　彭治顺　摄

土家腊肉（2021 年）　彭治顺　摄

**蜂蜜**　1955 年，彭英威家一箱蜜蜂产蜂蜜 27 千克。20 世纪 90 年代，全村养蜂 16 户，养蜂 289 桶，产蜂蜜 1150 千克，收入达 20 余万元。2018 年，由于年景不佳，仅产蜂蜜 200 多千克，收入 4 万余元。

**腊肉**　双凤人有炕腊肉的习惯，家家户户在火坑上面挂有一个固定的吊炕，主要用来炕腊肉和干豆腐等。腊肉的做法：杀年猪时，将猪头、猪脚（大小由主人来定）砍下，家中有儿子要给岳父岳母家拜年的，还要砍大猪腿，一般 13 千克左右；剩余的猪肉按两根排骨一块砍成若干小块。除去当天要吃的肉外，将猪头、猪脚、猪腿和小块猪肉的一头用尖刀戳一个小孔，便于穿吊绳；同时将肉抹上盐、花椒等佐料，装入大缸进行腌制，一般腌 3 ~ 5 天。腌制时，肉要翻缸，不能加盖，因为肉是热的，加盖后不透气，肉会变质，制成腊肉后有异味。猪肉腌制好后，便挂到吊炕上熏制。双凤人炕腊肉，开始一周烧生柏树枝，这样腊肉颜色会呈黄色，肉味也有柏木香气；有的也用柚子皮、柑子皮熏烤使腊肉另有一番风味。腊肉熏好后，有的就横放在吊炕上面保存，有的取下来，放在谷仓稻谷中防潮。腊肉可做蒸菜，也可水煮后小炒，味道各有不同。

**豆制品**　双凤村盛产黄豆，黄豆可以制成很多豆制品。首先是水豆腐，水豆腐又可制成干豆腐、霉豆腐、炸豆腐；其次是豆酱，豆酱又分为干豆酱和水豆酱。

霉豆腐的豆腐坯有别于普通水豆腐，豆腐坯水要压干一些。将豆腐用刀划成 2 厘米见方的小坨作为豆腐坯子。准备一个发酵用的纸箱、筛子等，下面铺一层去掉稍的稻草，一层稻草一层豆腐坯子，以放三层为宜，装好后盖上干净的保温物品，放在较温暖的地方发酵，一般要 7 天左右，当豆腐坯上生出少量霉毛时，拌佐料腌制。腌制的主料为食盐、辣椒粉，辅料为花椒粉、白酒、八角粉、味精等。一般腌制 3 天。腌好后有用

霉豆腐（2018 年）　　周万全　摄　　炒米（2018 年）

植物油浸泡，或用植物油汤浸泡，若用油汤浸泡，油汤须冷却 24 小时以上，否则变味。

做豆腐时产生的豆渣还可直接做菜食用，同时可做渣豆酱。渣豆酱的做法是先炒干豆渣中的水分，然后在一个小簸箕上铺一层布，将豆渣倒在上面压实，并盖上干净的保温物品，存放于保温的木桶或木柜中发酵，当有香气溢出，将发酵好的豆渣捏成小坨，放在吊炕上炕干备用。

**炒米、糖糁**　炒米、糖糁是双凤村特色食品。炒米制作方法是将糯米蒸熟后散开晒干，俗称阴米子。再用炒米沙（一种用桐油煅制的河沙）或食盐（现在桐油少了都用食盐）在锅中加热，炒爆阴米子即成炒米。糖糁制作方法是先将糯米蒸熟，后用一个圆形模子做成糯米圆饼，并晒干，再用茶油炸制而成。炒米和糖糁做好后，都存入坛子密封备用。食用时开水冲泡，加以红糖、白糖或蜂糖，味道极佳。

**糍粑**　糯米粑粑的种类很多，有打糍粑粑、粽子粑粑、蒿子粑粑、赤膊粑粑、裸子粑粑等等。打糍粑粑的制作方法是将糯米洗净搓白，浸泡一个对时（24 小时）后沥干水分，上甑蒸熟，将蒸熟的糯米饭倒入粑粑槽（有木槽、石槽两种），由两名壮汉用“丁字”粑粑槌挤压对打，待打烂成泥，即从槽内掀出端上桌子，做成大小基本一致的圆形糍粑。粽子粑粑的制作方法是将洗净的糯米加入腊肉、绿豆、花生、莲子等不同配料，用粽粑叶包好，再用粽叶丝捆扎，大锅煮熟或蒸熟即成。蒿子粑粑的制作方法是先到山中采摘嫩蒿叶尖，洗净，沥干水。把糯米和粘米（白米）按 6 ∶ 4 或 7 ∶ 3 的比例配好，洗净浸泡 2 小时沥干水。其次用碓马将蒿叶舂烂成泥状备用，将米舂成粉末，用粉筛筛出米粉，将蒿叶泥与米粉在簸箕里拌匀，再用碓马舂合均匀。进入 20 世纪 90 年代，米粉有机械打磨，只要将青蒿备好，即可出蒿粑坯子。最后，用力揉粑粑坯子，变得软糯

做糍粑（2018 年）　周万全 摄

青蒿粑粑（2018 年）　周万全 摄

后，用手捏成一个一个的小圆坨，再将圆坨捏扁，中间成凹形，填入包心，也叫馅（包心有腊肉拌蒜苗馅、绿豆粉白糖馅，红豆粉白糖馅和花生米白糖馅），封口捏成圆坨，用猴栗树叶、芭蕉树叶、桐油树叶包好，叶子均要涂抹食用油，防止糯米粑粑粘叶，上锅蒸熟，即可食用。蒿子粑粑色泽碧绿，有一种野菜清香的味道。赤膊粑粑的制作与蒿子粑粑略显不同，一是不加蒿子，颜色为糯米本色。二是外面不包任何叶片，“赤膊”之词就源于此。其他均与蒿子粑粑制作类似。裸子粑粑的制作：将糯米粉加水搅拌，揉成软硬适中的面团；再用手捏成铜钱大小的圆饼，不包馅；放入锅中油煎至两面金黄，即为成品。裸子粑粑主要是用来做菜的，炒制时再加少许肥猪肉片及佐料，双凤村这道菜就叫“裸子粑粑”。

## ◉ 生活器物

**水碾**　水碾为加工稻谷等粮食之用。在没有通电的年代，双凤村的粮食加工主要依赖水碾作坊。水碾构件为蓄水田（坝）、转动水鼓（由多个迎水槽接受水冲击而转动）、木制大蜈蚣盘（大齿轮）、木制小蜈蚣盘（小齿轮）、轿杠（中轴）、水碾石槽、滚杠、石滚等。水鼓为圆形，外圆周长由井字木、水页子轿杠构成，由轿杠另一端的蜈蚣盘带动碾子蜈蚣盘，使碾子在碾槽循环滚动，将谷壳蜕变成大米。一般一槽 60 千克左右，水力充足两小时之内完成，水力小两小时以上完成。历史上，村内水碾建于清同治年间（1862—1874），由村人彭祖绪出资修建，由于双凤村地处高山台地，无稳定充足水源，

水碾（2021 年）　　彭治顺　摄

水碾建成后，仅在下大雨发大水时，加工稻谷，水大时一般可碾谷子 60 ~ 65 千克，平时稻谷加工用石磨和碓马。有的将谷子挑到山下水源好的碾坊加工。1947 年村内碾坊基本停用。村内通电后，粮食加工使用机械，有打米机、磨粉机等。

**油坊**　油坊用来榨桐油、茶油、菜油。全村 6000 ~ 7000 千克的桐油要靠油坊榨出。油坊的结构为石碾盘、炒锅、蒸锅、木榨 4 大部分。榨油的程序分别为：炕籽。在油坊附近挖一个地窖，安上木杠，铺上竹垫，将晒干搓捻好的油桐籽或油茶籽倒入炕上，约 10 挑一炕。炕下设有灶孔和灶门，用火慢慢将桐籽烘干，开始可用大火，待干至 50% 后翻炕，将上下部位桐籽调换，再用小火慢烤，烘烤好一炕约需 24 小时。碾籽。将炕好的桐籽倒入碾槽，碾槽为石槽，装有两个直径 1.3 米左右的石滚子，由碾盘固定在中轴上，牛牵引石滚将桐籽压碎。碾籽时，往往叫一个小孩赶着牛不停地打转转，俗称"赶碾"。桐籽碾成手握成团不散为好，可起槽上蒸。若未上炕烤干的少量油桐或油茶籽，在碾好后要上炒锅炒，炒去水分。蒸枯。即在蒸锅上用甑子蒸碾好的粉子，蒸透上气后用铁圈（捆）和稻草包枯，一甑一个枯，10 ~ 12 个枯为一榨。蒸枯包枯也有技巧，一般不会包的一端会散，装不上榨。榨油。将包好的枯饼由榨口竖放入榨槽，装排肩板（有上排肩、下排肩，交替推进用）、倒腿（退榨用），上下肩板装好后，由四位力壮的打油匠牵引油锤，轻捶肩板，慢慢用力，防止拱肩，待出油后要加大用力，叫“赶旺油”，旺油赶完后再慢慢打“滴榨油”。俗语“滴水成河”，滴榨油也能滴 4 ~ 5 千克。油滴干了，榨油结束。清同治年间，村内彭氏二房头人出资建油榨坊一座，地址在寨中油坊坪。双凤盛产桐油，每年榨桐油 6000 千克左右。20 世纪 80 年代，开始使用机械榨油，油榨坊停用，1991 年油坊拆毁。

**石磨** 石磨由两礤锉有纹齿的圆形石饼和磨架组成。石磨分小磨和大磨，小磨固定在磨架上，一人用一只手可交替推动，比较轻便。大磨架在磨架上，并配置一个木制钩几连接磨子上礤，叫作“磨钩几”。一人双手握住磨钩推动磨子上礤，发挥磨粉功能。石磨的下礤与磨架相连并固定，上礤是石磨的能动部分，通过磨芯与下礤重叠，大磨主要是用于推磨苞谷等粮食，小磨一般用于磨豆腐等。

**碓马** 碓马由碓窝和碓架两部分构成。碓窝由边长约 40 厘米的方形岩石打制。窝子为口圆直径约 30 厘米的倒圆锥体，上圆下尖，深约 35 厘米。碓架，即碓马架子，由一根长约 3 米的硬木制作。碓马前端为接触碓窝部分，后端为人踩部分。碓马的前端装上碓嘴，碓嘴由碓嘴杆和碓嘴组成。碓嘴由铁匠打制后安装而成。安装碓腿（传动轴）并固定在两端的传动凹槽里，人脚用力踩下碓马尾部分，碓马马头翘起，人脚放松，马头落下，碓嘴撞击碓窝中谷物，反复踩下抬起，谷物加工成功，这叫“舂碓”。碓马主要用于舂米、舂粑粑等。

大石磨（2018 年） 周万全 摄

饭篓（2018 年）　　蒲忠胜　摄

葫芦（2018 年）　　蒲忠胜　摄

**饭篓、菜篮**　饭篓、菜篮是双凤人用竹篾编织而成的又一种生活用具，饭篓为圆筒形，上大下小，制有篓盖，并制有提手，方便使用。菜篮用过去叫苂竹的竹篾编织，苂竹竹子小，对开破成篾块即可编制，在过去没有塑料制品时代，家家户户都有竹制饭篓和菜篮。

**竹筒**　“竹筒筒儿”是土家人的口语，制作方法是选取稍大的楠竹，锯成底部有竹节，上部也留竹节的竹筒。在距上部竹节 15 厘米处将竹筒锯断一半劈开，用刀削光滑便于饮用，并钻眼安上两根绳子。竹筒皮厚，装上凉水不易升温。双凤楠竹甚多，历史上家家都有竹筒。

**葫芦**　葫芦是葫芦科爬藤植物结出的果实，成圆形下大上小状，大的葫芦重达一千克左右。在葫芦刚刚长大还没有老熟时，可以摘下来当蔬菜食用。待葫芦老熟后，摘来葫芦，在顶部打个圆眼，将里面的种子和肚瓤子取出，里面可储藏物品或盛水。双凤人上山劳作，常用葫芦带水。

**鼎罐、撑架**　鼎罐是双凤村人用来煮饭、炖菜的普通炊具。过去的鼎罐是用生铁（也叫生水）浇铸而成。鼎罐的构造为两节合一，下节为圆锥体，上节为圆柱体，并有铁盖子。铁鼎罐有耳子，有的在耳子上安有铁丝系子，便于提放。由鼎罐还派生出锅锣圈，它是用一指宽的竹篾绕成，纹路清晰，经久耐用。其作用是用于稳固鼎罐和铁锅，因鼎罐底部为锥体，没有锅锣圈稳固，罐中食物将会偏出。撑架是双凤村人的一种铁制生活用具，家家火坑上均有。撑架，历史上由生铁铸成，一个圆盘，三支脚支撑，故称“撑架”。同时，有三个耳子连接三支脚和圆盘，以固定大小鼎罐和锅。现代的撑架用钢筋焊接而成，材料不同，结构相似。

鼎罐、撑架（2021 年） 彭治顺 摄

**火坑、吊炕** 双凤村民居房屋两头的前一间叫火堂。火堂中间设有火坑，火坑由 4 块（每块长 80 厘米）条石围成的正方形状。在火坑正上方从斗方上吊下 4 根铁丝或竹片，挂上一个炕架，名为吊炕。炕架离火坑 2.5 米高。火坑用于煮饭炒菜和烧水，冬天兼顾烤火取暖。吊炕用来炕腊肉和豆腐等。

**纺车、麻篮** 纺车、麻篮是土家族妇女的纺织生产工具。纺车是出棉纱用的，纺车由纺鼓、车珠子、手摇纺柄、纺车架等部件组成。旧时双凤村，男耕女织，妇女纺纱结线，使用纺车。使用时右手握手摇纺柄，旋转纺鼓，左手拿着棉条，随着纺鼓的转动，带动车珠子，左手中的棉条以均匀的丝状缠绕在车珠子的滚滚上，形成线滚滚，若织一块棉布，需要一担箩筐线滚滚。麻篮是用竹子编织而成的，有的用楠竹篾片有的用膨竹篾片，麻篮是织麻布接麻用的，接麻前要破麻，要将麻匹一匹一匹破成均匀的丝状，然后再一根一根头尾相接，绕放入麻篮中，一般情况下一麻篮麻线可绕一个麻团，织一匹麻布，要绕麻团 80 ～ 100 个。

**草鞋架** 草鞋架是村民们用来制作稻草鞋的工具。草鞋架形似弯弓，前有两只勾脚，用于固定草鞋小棒。草鞋棒有小棒大棒之分，小棒用于固定草鞋筋绳（草鞋有四根筋），大棒用于捶打稻草（一般为糯稻谷草，材质软不易断），捶打时将糯稻谷草用少许水喷洒浸润，再用大棒用力捶打，一直把稻草捶软为止。腰钩是一个内角约 120 度的弯木，两边长各约 30 厘米，并在两头系有绳索固定在腰间，腰钩角在腹部前方，再将草鞋的四根筋绳套牢在腰钩的弯角处。草鞋制作步骤为：第一步，打稻草、搓筋绳。将筋

纺车（2018 年） 李永生 摄

草鞋架（2018 年） 李永生 摄

绳两根套在草鞋架的小棒上，回头成四根筋绳，视穿鞋人脚长短预留筋绳，再将四根筋绳固定在腰钩上即可。第二步，编织。腰钩端为鞋鼻子（草鞋前端），小棒端为草鞋后跟，先编织鼻子，鼻子编好后视脚的形状编织草鞋底，将捶打好的稻草加布片筋搓成条状编织在四根筋上，鞋底以编织后跟结尾。第三步，合成。先在脚后跟位置两边和脚前掌位置两边，安上用稻草或布片筋制作的耳子，耳子长约 3 厘米，固定在草鞋两边的筋上，再把草鞋鼻子留下的筋绳，沿草鞋耳子连好，至此，草鞋编织完成。

**织布机** 旧时，村内手工制作棉布、麻布的木制器具。织布机由支架、滚筒、木梳、木梭、打板等部分组成，支架为织布机的骨架，用于支撑滚筒、木梳、打板等构件。滚筒用绕缠织布的进纱，木梳是将进纱一根一根分配到自制的梳篦上；木梭是用于装配横纱的；打板是用于横纱催紧密用的，农村一般 3 丈长（10 米）叫作一个布。织布的准备阶段相当长，一般为 2 ~ 3 年，织棉布和织麻布准备的方式各有所不同。织棉布首先是弹花纺线，棉花一般为村民自家种植，将棉花弹松后用左手一坨一握着慢慢松开，纺成棉丝线，左手操动纺车带动车珠子，将棉丝线绕在锭子上形成棉锭；其次，当棉锭子达到一定数额即可请机匠织布。而织麻布的程序与织棉布大同小异，先是刮麻、收麻。再是破麻、接麻，将干麻捆成小把，用水浸润，挽在手上用大拇指指甲将麻皮一皮一皮地破细。先破中尾部再破头部，破成麻丝，将麻丝一根一根头尾相接，绕放在麻篮里。最后是绕麻团，用桂竹笋壳叶做绕心，将接好的麻丝线绕在笋壳叶上，绕成直径 15 ~ 20 厘米的大麻团，一般织一个麻布需麻团 100 余个。不论织棉布还是织麻布，开织前都要用苞谷粉煮成的浆糊浆纱，以保持纱线的光滑。

## ◉ 民间游艺

**扳手劲** 扳手劲是一项比劲大巧用的竞技活动。比赛道具为大四方桌一张，长板凳两条，裁判员一名，用石头、剪刀、布确定坐立方位。方位确定后坐立大桌子的两边，两人单手（左手或右手）相互握紧拳头，由裁判扶正后下达口令“开始”。这时抢口令要犯规，反应慢也要吃亏，谁将对方的拳头压下桌面，碰桌面者为输，三盘定输赢。

**抵扁担** 抵扁担（或杉木棒）是一种比力气大、比巧用劲的一种活动，在比赛场地设立一条边线，被抵出线者为输。扁担为常用的生产工具，杉木棒直径 3 ~ 5 厘米，两人的左手扶在扁担（或杉木棒）端头抵在各自右胸前，前倾后弓，站好马桩，用力抵向对方，将对方抵出线外，线内者赢。

**荡秋千** 双凤人荡秋千，一般在春节期间举行。首先要选好场地。其次是搭建秋千。秋千由两对杉木条支架和一根横梁、两根榊木、两个活动滑箍、两根纤绳、一条脚踏踩板构成。荡秋千分为单荡和双荡两种，单荡是一个人荡，用双脚送，用胯部拖，较为吃力；双荡，即两人荡，一人只要管自己的前方。荡秋千比赛时有一人拿一根竹竿目测高度，秋千荡得高者为赢者。

**踢毽子** 踢毽子要从做毽子开始。过年时，家家户户杀公鸡，将公鸡尾部的彩色羽毛

扳手劲（2021 年） 彭书珍 摄

抵扁担（2018 年） 周万全 摄

拔下做毽子，再准备一枚眼眼钱（小铜钱），一小块布片，将鸡公羽毛用针线和布平缝制固定在钱眼中央，再将羽毛根部竖起绑扶与铜钱垂直，即成毽子。女孩子踢毽子比赛时，谁踢得个数多谁为赢家。踢毽子也有花式踢法，有左右脚交替踢法，有左脚踝内外踢法。

**踩高脚马**　旧时，踩高脚马是为过河过沟不涉水，如今踩高脚马是开展竞技活动。制作高脚马首先要准备两根直径为5厘米左右的杉条木，长短因人的高矮而定。再到山上找弯叉木，弯叉木一般用油桐树枝丫较多，弯叉木找着后砍回家削成高脚挂子，再用铁钉钉在杉木条子上，初学者挂子离地面不能太高。踩高脚初学者（特别是小孩），要有人帮扶。踩高脚马比赛是双方站在高脚马上，用肘部撞击对方，被撞下高脚马者为输。

**下打三棋**　打三棋是土家族的一种老少皆宜的娱乐活动，棋盘就地临时画制，由三个不同尺寸的方形组成，一般为正文形。棋盘上共有二十四个交叉点，这些交叉点是双方对弈时捉子的地方。还有二十条直线，每条直线有三个交叉点，这是对弈双方占点抢线的焦点。打三棋的棋盘和棋子没有统一讲究，棋盘可画在地上、石板上、纸上。棋子一般采用石子、小纸团、小木棍、小树叶片。棋盘里各子威力都一样，两人对下，各自挑选颜色不同的小石子、小纸团、小木棍等物作为自己的棋子，按照轮流下子的顺序，把自己的子摆在棋盘的交叉点处，这叫摆子。

凡在棋盘的交叉点上占得一条直线上的三个点就形成了“打三棋”，也就获得在棋盘上压住对方任何一子的权利。被压的子均要从棋盘取掉（这个位置在摆子阶段不能再放棋

踩高脚马（2018年）　周万全　摄

下打三棋（2021年）　彭书珍　摄

子），一直到棋盘上面没有位置能摆子，进入动子阶段。若双方在摆子阶段未形成“打三”（打三就是先前不在同一条线上的子“走”到同一条线上），到动子阶段由于棋盘上子是满的，就无法走子，棋就无法下，这就叫作闷棋。出现闷棋，就判头家（即先下子者）输，即除掉本局。所以头家或头棋的布子极为重要。

动子的先后顺序与摆子的先后次序刚好相反，由末家先动，限走邻近的一个交叉点，然后轮流动子。如果出现“打三”，就可获得任意捉对方一子的权利。打一三，捉一子。连续出现打三就连续捉子，一直到把对方的子全部捉净或对方认输，对弈结束。

**陀螺争雄** 抽陀螺是双凤村孩子们玩乐的一种方式，陀螺由杂木（也叫硬木）削成10厘米高的圆锥体，用陀螺鞭子缠绕用力一拉，使陀螺在地上旋转，再用鞭子抽打，让陀螺在地上不停地转动。陀螺争雄是由两人分别抽打自己的陀螺，让其与对方陀螺碰撞，反复打抽，反复撞击，以被撞停不动者为输。

**鲤鱼飙滩** 人们分列两排，相互拉手，组成起伏状滩浪，一人扮鱼奔跑，扑在人们的手上，时而被簸上高空，时而被放落低处，以能飙过这座险滩者为胜。这是先民捕鱼场面的再现。

**摔抱腰儿** 双凤人喜欢摔跤，俗称“摔抱腰儿”。传说为模仿动物行为的格斗。双方两手相互搭肩，前后推搡，后来发展成双手抱腰，用脚勾绊，顺势借力将对方摔倒的

毛古斯舞“摔抱腰儿”（2018 年）　　袁立新　摄

角斗活动。如此世代相传，成为一种青壮年在神堂前举行的体育活动的习俗。常见动作有勾勾脚、旱地拔葱、蜻蜓点水、金龙抱柱、顺手牵羊等。

一个优秀的摔抱腰儿能手，常受到村里人的崇敬和赞许，受到姑娘们的爱慕。青年人结婚吃戴花酒之日，男女双方家里都要邀请一群剽悍强壮的摔抱腰儿能手，举行群体格斗。若男方的队伍摔输了，戴花酒只能喝一杯酒，还要受女方姑娘们的处罚，被抓住四肢前后甩动，俗称打油。双凤村的土家后生经常在一起交流切磋，以提高摔跤技术。

**插秧比赛** 双凤人插秧都以“换工”的形式互相帮忙，根据田地形状，大家一起动手，从边上开始插叫“转转秧”，从中间破胸插的叫“对子行”，第一个下田开插者叫“开秧门”。由于田边地角插起来比较困难，同时从田中破胸讲求要直，所以，通常都是插秧技术又好又快的人才敢第一个下田，否则就会被后面插得快的人“关猪笼”。别人先插完，你在中间插填心苗，这是很尴尬的。第一个插得快的人可吃以示奖赏的“盖面肉”（“盖面肉”是碗中最大的一块肉，放在一碗肉的上面，这叫面子，也是习俗）。

## ◉ 民间医药

双凤村药材资源丰富。村内长者或多或少知道一些草药。一般的刀伤、烧伤、烫伤，就地扯几味草药敷上即可痊愈。民国时期，村内有一位医术精湛的草医，名叫彭武栋。他用的药大多是自己在双凤村周边山上采挖的。据说，他除了能治常见病以外，还能治疗不少疑难杂症。中华人民共和国成立后，村里有了使用西药的卫生员，但同时还有彭英正和彭英威两位草医为村民治病疗伤。

**跌打损伤药方** 川芎草、接骨木、一匹绿、皮破血、苍耳草、“三木巅”等。

**毒蛇咬伤药方** 大铁马鞭、三根茎、乌鸦酸、一匹绿、蛤蟆草、地胡椒、八角莲、七叶一枝花、三苦瓜（又名王瓜）、淡竹叶、盘龙参、女儿红（又名瓜子金）等。

**胃病药方** 青木香、地雷草、三叶莓、青鱼胆草等。

**风湿病药方** 凌霄花根、路石藤、大血藤、木通、草乌、川乌、八角风、五加皮、七加风、摇竹消、岩麝、雪冻花皮、威灵仙等。

古树幽径（2015年）　　贺文胜　摄

# 民间艺术

双凤村土家族民间艺术独特而丰富，源远流长。双凤村为土家摆手舞、毛古斯舞发祥地之一。20世纪50—90年代，永顺县境及其周边地区，以及湖北省的土家人曾先后到该村学习摆手舞和毛古斯舞。打溜子、哭嫁歌等在村内代代相传，连绵不断。

## ◉ 土家器乐

**吹唢呐** 千百年来，唢呐被土家先民广泛应用于婚丧嫁娶、礼乐典祭等各种仪式之中。在双凤村，每逢红白喜事，修房造屋，结婚嫁娶，一直保留着吹奏唢呐增添喜气，烘托气氛的习俗。土家族把吹唢呐的艺人叫“八仙师傅”。唢呐吹奏的曲目较多，接亲要吹《迎亲调》《一杯酒》《小开门》《美妇梳头》《鹊桥会》，象征喜结良缘，白头偕老。建房要吹《进门》《新回门》，象征华堂生辉，人财两旺。喜庆节日时吹奏《下河调》《耍龙调》《金银调》，旋律明快，欢腾炽热。“哩嘟呐，哩嘟呐……”在双凤山寨每当响起这清脆嘹亮的唢呐声时，人们就会知道，山寨有喜事了。

**吹牛角** 牛角是双凤村土家族巫师“梯玛”使用的宗教祭器，用水牛角制成。很早以前吹牛角用于传递战争的信号，后来成为“梯玛”行法事的神具。“梯玛”祭祀时，用牛角呼唤鬼神，牛角一吹，告诉山神野鬼法事已经开始，要他们聚集法堂等候“梯玛”的安排。土家族人跳摆手舞时，吹起牛角、土号、唢呐，点响三眼铳，锣鼓喧天，歌声动地，男欢女乐，翩翩起舞，气氛隆重热烈。牛角的曲牌有“高音唔哩”“低音唔

吹牛角（2021 年） 张永红 摄

哩”“慢唔哩”数种。一曲分两口气吹毕，吹者要有一定气量和技能，才能吹得气势雄壮，气氛森严。

**吹木叶** 双凤村人吹木叶，可以吹出二十多种鸟叫声，声音很像。还可以吹出猪、马、羊、牛等的叫声，可以用吹奏木叶的声音把马、牛呼唤到面前。另外，还可以用木叶吹出好听的山歌。土家人吹木叶，也不是一学就会，而是要经过多练才有收获。选择木叶也是关键，老了不行，太嫩也不行，要选不老不嫩的叶子才能吹奏出优美的歌声。

土家族过去就有吹木叶传情的习俗。从男女双方吹出的声音就可以辨别各自的内心情感。如今仍有这样一首山歌：“满山木叶堆成堆，问郎会吹不会吹，有朝一日学会了，只用山歌不用媒。”

吹木叶（2021 年） 彭书珍 摄

## 土家歌谣

### 山歌

双凤村民有唱山歌的习俗，不论劳动还是休闲，都能听到山歌的声音。

山歌对唱

男：隔河望见姐穿青，郎想过河怕水深，
　　丢个岩头试深浅，唱首山歌试姐心。
女：阿哥常到大山行，抬头望见松树林，
　　从来青藤缠古树，哪有树枝倒缠藤。
男：隔河望见花树青，郎想过河无路行，

想变蜜蜂无翅膀，想变鲤鱼又无鳞。
女：想吃白米把田耕，皇天不负郎苦心，
山高自有盘山路，水深自有渡船人。

**请到双凤摆手来**

山外的姑娘，山下的哥哎，请到双凤摆手来。
犁耙下田桐花开，舍巴山歌唱开怀。
捧取一碗清明茶，摆手摆得秧门开。
夏季山里好凉快，木叶吹歌引你来；
锦鸡画眉绕你飞，姑娘耶，哥哥哎！
山里妹子长得乖。
秋季里来更气派，请你多邀客人来；
待客自有苞谷酒，姑娘呀，哥哥哎；
核桃板栗满山采。

唱山歌（2015 年）

唱山歌（2017 年）

冬季盼你踏雪来，挖土锣鼓闹山崖；
给你猎枪去赶肉，姑娘呀，哥哥哎。
麂子白面任你抬。
山外的姑娘耶，山下的哥哥哎，
摆手堂上情满怀，幸福花儿遍地开。

### 茶香花美色更浓

喝茶要喝杯杯浓，栽花要栽月月红；
恋姐要恋红花女，茶香花美色更浓。

### 姐的心思贵如金

看姐有口又无心，姐的心思贵如金；
有钱黄金买得到，姐比黄金贵十分。

### 如今恋姐正当年

苞谷秆秆节节甜，老早想把姐来恋；
当年恋姐年纪小，如今恋姐正当年。

### 丢姐好比割心肝

上坡容易下坡难，恋姐容易丢姐难；
恋姐只要几句话，丢姐好比割心肝。

### 与姐明丢暗没丢

新打钉耙耙齿钩，到姐门前把藕抠；
看见藕断丝没断，与姐明丢暗没丢。

### 猜不透来郎心忧

唱支山歌把姐逗，姐不搭腔忙低头；
辫子咬在嘴巴里，猜不透来郎心忧。

## 摆手歌

摆手歌是土家族传统的大型祭祀文化活动跳摆手舞（土家语称为“舍巴”）时唱的歌。传统的摆手活动中有祭祀的歌舞。舞名摆手舞，歌名摆手歌。其歌词大都是土家族语，有一定的节奏韵律。有大摆手、小摆手之别。大摆手由数村或数十村举行，祭祀八部大神为主，有敬八部大神词。小摆手在一个小村寨举行，规模小，以祭祀土司王为主，有请土王词、敬土王词、送土王词、扫堂词。

双凤村摆手活动中唱的摆手歌大部分是根据表演内容即兴编唱的，没有固定的古老歌词。领唱人唱完两句后，众人跟着一起吆喝，显示出土家人齐心协力，万众一心的宏大气魄。

### 敬八部大神词

我天呀天呀喊了八声，你从天上飞来了。我地呀地呀喊了三声，你从地里拱出来了。神哩，天大地大，没有你大哩；天灵地灵，没有你灵哩。神哩，你哩大神大道了，什么你都晓得哩。今天的日子哩，儿们孙们给你做舍巴，抬手抬脚抬抬做在了，屁股摇摇摆摆做在了。桌子上供着祭祀品哩，猪肉供着哩，猪毛茸茸未修哩，猪血供着哩，还在热气腾腾哩。狗肉哩，猪肚货哩，大蒜头哩，构皮液哩，汁儿根哩，八荷花哩，酒糟哩，稀饭哩，一样也没少，你各自已吃啰。

土家族八部大神（2016 年）　　蒲忠胜　摄

## 请土王词

土王爵主爷爷也，请你快要动身哩，孙孙崽崽们哩，鼓起眼睛望着哩，张起耳朵听着哩，灯亮给你点着哩，香哩给你烧着哩，猪头给你供着哩，糖哩给你泡着哩，虎皮给你供着哩，猴掌给你留着哩。寒鸡肉给你炕着呢，野鸡尾巴给你插着哩，狐狸尾巴给你挂着哩。土王爵主爷爷也，你在世一代人王，死了一代神王，是人没有你大哩，是神没有你大哩。土王爵主爷请到了。

## 敬土王词

土王爵主爷爷，天亮亮哩风习习，爵主大驾到临了，孙孙崽崽要敬你。

土王爵主爷爷，那苞谷蒸的酒哩，今年的好些哩。那个猪腿哩，今年的重些哩；那个糖糁哩，今年的乖些大些哩；那个小米粑粑哩，今年的好吃些哩；那个黄豆豆腐哩，今年的好看哩；孙孙崽崽穿戴哩，今年的比去年的新些哩。爵主爷爷，你的孙们儿们哩，打鼓打锣过来了。手摆摆哩脚摆摆哩，屁股摇摇摆摆哩，舍巴坐在了，巴也盘冬坐在了，嗬嗬也嗬唱在了。

土家族男人祭祀祖先（2021 年）　　张永红　摄

舍巴“扫邪”（2013 年）

### 送土王词

土王爵主爷爷，六天六夜了，玩也玩饱了，酒也喝醉了，饭也吃饱了，到了今天，送爷爷的时候到了。儿们孙们要找一年的门路，陪你玩耍的日子没有了。爷爷也，怎么来的哩怎么转去哩，孙崽们有一句话，请爷爷你要听着，你在生是个能人，铁桶江山你做了，天上地下你管了。土王爵主爷爷，明年收成好了，孙们儿们哩，再把你请来哩，我的话根莫长了，我的舌根不长了，一背篓要讲的话，讲一句就完了。

### 扫堂词

舍巴做了几天几夜，送走了土王爷爷，搬起一把扫帚，要把好的扫进来，要把坏的扫出去。那些好天好地的好年好月的，好屋好路的，风调雨顺的，世界太平的，扫着放在这里吧。那个睡着噩梦做了，睡在床上哼了，站一下两脚打抖，上几步坡哩一见饭来眉毛哭了，一见碗来心里怕了，拄着拐棍咳嗽不断了，狗子哩夜里在哭哩，鸡婆哩白天在叫啊，树上老鸦叫，楼旁猫儿跳，野猫躲在鸡栏下，老虎爬在猪栏边，这些哩扫到别处去吧。毕几卡哩，千年发达了，万年兴旺了，子子孙孙哩，笋子一样升起来，鱼儿一样发起来哩，扫帚这里放着哩。

**上梁歌** 双凤村土家族人新屋立起后开始上梁，上梁要举行上梁仪式，这时主人家会请能说会道的上梁先生分坐在屋梁的东西两端排方上，一边甩粑粑、喝酒，一边讲梁和酒的来历。讲述内容既是对梁和酒的历史回顾，又是对主人家美好的祝福，以讨吉利、兴旺的好兆头。

（一）

你要荣给你荣，一家荣作千千丛；

你要华给你华，一家华作万万家。

你要富给你富，代代儿孙开大铺；

你要贵给你贵，代代儿孙在朝内。

（二）

讲此梁，说此梁，讲起此梁根源长；

生在昆仑山上，长在九龙头上。

上有千枝百丫，又有细叶长长；

下有古树盘根，中有凤凰歇凉。

张良提斧砍倒，鲁班把尺来堂；

一头修了金銮宝殿，二头做了孔夫子学堂；

三头不长不短，给主东做了万代主梁。

手攀银梯步步高，手攀玉树摘仙桃；

上一步独占鳌，好比君主坐早期；

立新屋上梁（2012年）　卢瑞生　摄

文武百官都来到，后面学子随后摇。
上二步二金花，文王渭水访子牙；
记得子牙回家转，后保周朝八万八。
上三步三月三，古代结义桃花园；
桃园结义恩情重，代代儿孙坐满屋。
上四步四季财，夏季求名芽两阶；
百阶求名把树栽，子子孙孙做高人。
上五步五月五，好比金皇坐早朝；
五月当初黄飞虎，黄飞虎，反五关，
代代儿孙当状元。……

**劳动歌** 双凤土家族人居住之地偏僻闭塞，村民过着自给自足的生活，要生存就必须从事农业生产劳动，一年中几乎没有空闲的时候。土家人在日日不息的农事劳动中，自己创作了涉及农活方面的劳动歌曲，借以调节单调的劳动氛围。

劳动歌谣

土家住在高山坡，春夏秋冬挖岩壳；
锄头挖得镌了口，背心晒变乌龟壳。
世世代代居山坡，高山坡上梯田多；
大田出谷几十担，小田只要撮箕撮。
半夜落雨半夜耙，牛角头上绑火把；
三天五天不下雨，水田又变八月瓜。
火烧不燃多加柴，水不上坡多码岩；
坝内多填石沙土，流水自然上坝来。
山上叫起归桂阳，竖起头发两头忙；
地里要锄头道草，打起火把夜插秧。
大田栽秧不要忙，只求大行对小行；
会栽秧就中破心，不会就栽转转秧。
高山坡上土地多，土地尽是烂岩壳；

挖地只听锄头响，种地不需挖窝窝。
人家问我怎么种，翻个岩头种一窝；
十天半月去除草，薅锄只用三尖角。

**栽秧歌**

大田栽秧哎！排对排喂，一对秧鸡哟，来歇呀歇凉哎！一下田来就排起，男排东来女排西，男排东方好跑马，女排西方好绣花。

**薅草歌**

吃了饭来就上坡，摸起薅锄用手拖；
割草还要镰刀快，薅草还要锄头多。
吃了饭来要上坡，沟边沟脑磨锄头；
薅草还要锄头快，弯头弯脑回情歌。

**劳动号子** 双凤村人居住于高坡之上，旧时与外界沟通交流不便，下山一次往往都有重要事情要办，或是家里急需买一些东西。同时，生产区域均在不通公路的山坡上，收苞谷收稻谷都要靠双肩背负回去，背负的物品都有百余斤重。于是，为在路上调节劳动情绪，缓解疲劳，鼓舞士气，土家人自己编出一套劳动号子。号子的音调和歌词都很简单，但语气急促，铿锵有力，粗犷豪放，节奏强烈，律动规整，表现了背东西之人身负重物爬山的吃力之状，和其决心一鼓作气将物品背回家的雄心壮志。整个号子都在反复重复“咿哟、嗬哟……咿哟、嗬哟”的调子和歌词。

其他号子还有打杵号子、打夯号子、石工号子等。当然，也不是所有的号子都表现强烈的节奏性。由于号子是伴随着劳动的强度成正比的，劳动强度越大，其配合的号子节奏性越强；反之，劳动强度越小，节奏性也就减弱。

**敬酒歌** 双凤土家族敬酒歌不知起源于何时、何地、何人所创，第一段全文用土家语演唱，大意为“我们大家都是土家人，自古以来最好客。贵客到，喝好酒，好酒好菜敬客人。喝酒！”第二、三、四段用汉语填词。双凤村在贵客来临，拦门演唱完迎客歌后，要请贵客喝拦门酒时演唱敬酒歌；村民在家请客人喝酒时也会演唱敬酒歌。

## 土家族《敬酒歌》

1=D 2/4中速　　填词:刘善福

演唱:彭家齐

搜集整理:卢瑞生　杨淑君　刘勇

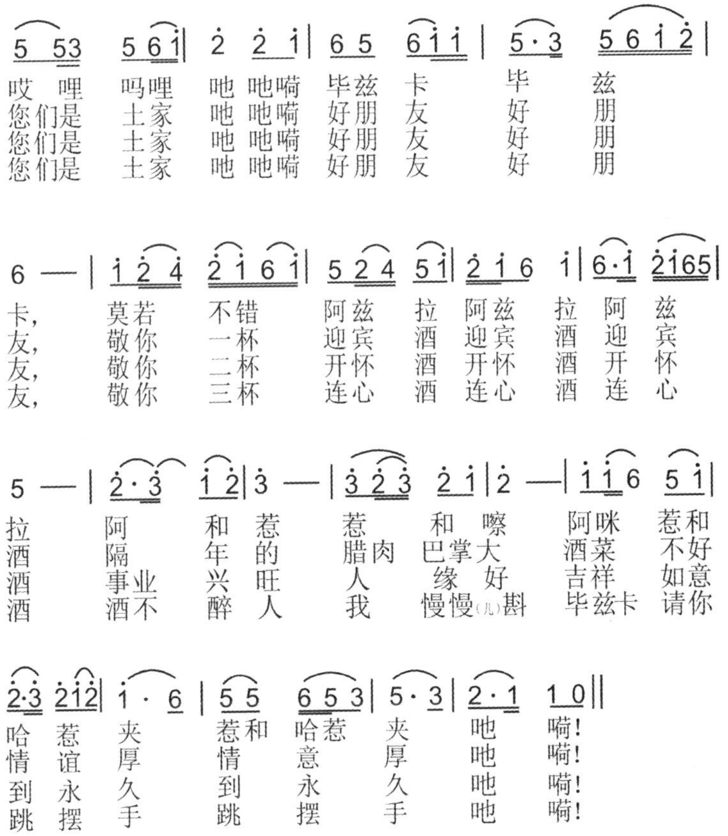

**迎客歌** 双凤土家族迎客歌不知起源于何时、何地、何人所创，全文用土家语演唱，歌词大意为：“感谢您，感谢您对土家人的关心！欢迎您，热烈欢迎土家的客人。”双凤村在有贵客来临拦门时演唱迎客歌，村民在家招待客人时也会演唱迎客歌。

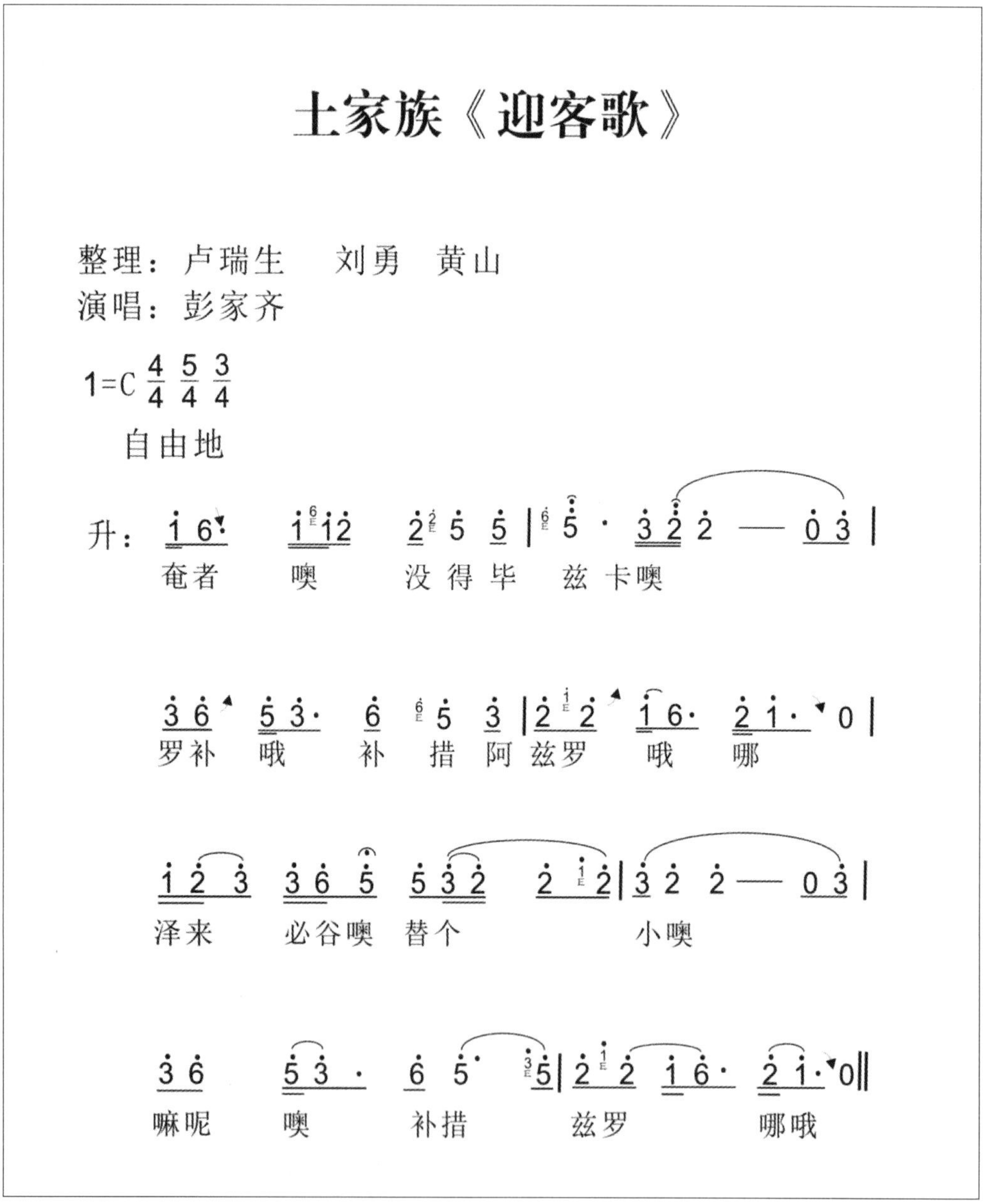

**情歌** 情歌是土家族男女表达爱慕之情的方式之一。

插秧情歌

四月天气日还红，哥妹插秧在田中；情哥插东妹插西，插来插去两相逢。

大田插秧秧对秧，一对秧鸡来歇凉；秧鸡抬头望田水，情妹抬头望情郎。

丘丘大田宽又长，哥妹插秧排成双；口唱山歌手插秧，转眼绿色铺山冈。

在田插秧不假忙，插个大行对小行；有心插个行行对，无心插个鸡窝堂。

四月插秧秧苗青，阿哥阿妹情意深；朝插日头夜插星，插个阿妹陪情郎。

**儿歌**

打铁歌

打铁打到正月正，正月十五闹花灯；打铁打到二月二，两个牛娃吹笛儿。

打铁打到三月三，三把调羹舀鸡蛋；打铁打到四月四，一个铜钱四个字。

打铁打到五月五，五月龙船打破鼓；打铁打到六月六，六月天气好晒谷。

打铁打到七月七，七岁小孩讨饭吃；打铁打到八月八，八十婆婆纺棉花。

打铁打到九月九，九十公公灶六口；打铁打到十月十，外婆带钱买筷子。

打铁打到冬月冬，朝门外头大雪飞；打铁打到腊月腊，杀猪宰羊过大年。

讨狗儿

阴一脚，阳一脚，一脚踩到王婆婆的后脑壳。王婆婆快开门，不开不开就不开。铁锤打打不开，金锤打打不开，天上掉把金钥匙，叮铃哐当进门来。外面来的是哪个？我是岩板铺的王大哥。要茶要烟屋里坐，茶不喝烟不要，把你棉花狗儿讨一个。狗儿为哪样现在没有开眼，锅巴稀饭过（给）一碗。王大哥你自已选，选公的，选母的，选到那个会守屋的。

踢毽子

天老爷，莫吹风，给你杀个老鸡公；

老鸡公不好吃，给你杀个老母鸡；

老母鸡要生蛋，磕头作揖把你拜。

**萤火虫**

夜火儿把把夜夜来，家公家婆吃茶来。
什么茶？豆儿茶。什么豆儿？豌豆儿。
什么弯？镰刀弯。什么镰？割谷镰。

**盘歌** 双凤村土家族的盘歌一般都采用一问一答的形式，提问之物多为现实生活中真实事物，回答者也回答得生动贴切，显示了劳动人民的集体智慧。

问：什么有脚不会行？什么无脚飘洞庭？
什么有口不会喊？什么无口喊三声？
答：板凳有脚不会行，船儿无脚飘洞庭。
坛子有口不会喊，铜锣无口喊三声。
问：什么穿青不穿白？什么穿得一墨黑？
什么穿的花红袄？什么穿的紫丹色？
答：喜鹊穿青又穿黑，乌鸦穿得一墨黑。
锦鸡穿的花红袄，画眉穿的紫丹色。
问：什么吃草不吃根？什么睡到不翻身？
什么肚里有牙齿？什么肚里有眼睛？
答：马儿吃草不吃根，岩头睡到不翻身。
磨子肚里有牙齿，灯笼肚里有眼睛。
问：三百水牛赶下河，多少耳朵多少角？
又有好多脚落地？又有好多爪蹄壳？
答：三百水牛赶下河，六百耳朵六百角。
一千二百脚落地，二千四百爪蹄壳。
问：什么出东又落西？什么坐在九条溪？
什么坐在三岔路？什么坐在树丫里？
答：太阳出东又落西，龙王坐在九条溪。
老虎坐在三岔路，喜鹊坐在树丫里。
问：什么弯弯弯上天？什么弯弯姐跟前？
什么弯弯跟郎走？什么弯弯姐面前？
答：月儿弯弯弯上天，眉毛弯弯姐跟前。

镰刀弯弯跟郎走，银锁弯弯姐面前。

问：什么开花细绒绒？什么开花像灯笼？

什么开花人不见？什么开花一场空？

答：韭菜开花细绒绒，茄子开花像灯笼。

白果开花人不见，映山红开花一场空。

问：什么叶子三尖角？什么叶子把人戳？

什么叶子高价卖？什么叶子一大坨？

答：枫香叶子三尖角，杉树叶子把人戳。

牡丹叶子高价卖，荷花叶子一大坨。

**孝歌** 双凤村唱孝歌历史悠久，源自原始部落渔猎时代。人们在凶残、暴烈的环境中狩猎，随时都有生命危险。当时只有感情交流，没有语言互动，面对同伴的遇难，大家发出阵阵悲叹和呼号。千秋以来的咏叹，合成有板有眼的曲调，就成为今天的“孝歌”。唱孝歌，没有固定人员，没有固定班子，村寨的人都会唱几句。哪家老人去世，举葬期间，无须邀约，人们自会闻丧而至，组成歌班。其间领唱、应唱、合唱、对唱几种交替进行。领唱者多为年纪大，威望高，歌路熟悉的人，满堂歌师由他开板。领唱者的开头歌十分关键，一定要切准主题，不烧野火。比如：白会当喜闹洋洋，八方歌师聚孝堂。一抛悲来二甩痛，歌声绕绕伴新亡。

十月怀胎

正月怀胎在娘身，懵里懵懂不知音；好似浮萍水上漂，不知根脚深不深。

二月怀胎略知音，千斤担子挂在心；如同一场病魔缠，恶心呕吐头发昏。

三月怀胎三月三，昼夜瞒人暗求酸；茶不思来饭不想，一日三餐碗不端。

四月怀胎腰腿酸，胎儿腹中趋人变；营养全是娘血浆，无怨无悔心也甘。

五月怀胎分男女，七孔八窍变齐全；生男生女一样好，只图母子都平安。

六月怀胎三伏天，酷暑难熬如坐监；为让胎儿安然睡，手中蒲扇摇不断。

七月怀胎全身汗，腹中胎儿手脚乱；手攀肺来脚蹬肝，如同针头刺心间。

八月怀胎肚难看，裙像蚊帐挂胸前；弯腰驼背几费力，低头容易抬头难。

九月怀胎重阳边，胎儿腹中闹翻天；为娘实在难支撑，行也难来坐也难。

十月怀胎产期满，临盆喜忧各参半；儿奔生来母奔死，祈求观音赐平安。

梯玛祭祀（2015 年）　　卢瑞生　摄

**梯玛神歌**　历史上双凤村有自己的梯玛和道士，梯玛又称土老司，是土家族的神人使者。梯玛神歌是湘西土家族民间文学中的珍贵文化遗产，2008 年，列入第二批国家级非物质文化遗产保护名录。

梯玛神歌是梯玛活动中一种用土家语演唱的古歌。梯玛是土家语音译，即“敬神的人”，梯玛是一种源于古代原始宗教，既带有宗教的仪式性，亦具有艺术表演性的傩文化现象。梯玛歌格局宏大，篇幅浩繁，长达数万行；句式自由，是一种吟唱式的长篇史诗。对土家的发祥、远古历史、民族迁徙、生产生活、信仰禁忌及天性劲勇的民族性格和原始质朴的自然观、道德观等，都有一定的记述。土家梯玛歌以歌舞贯穿始终，既有深沉、忧郁的古歌，也有轻松、欢快的盘歌；既有抒情、哀婉的祈祷词，也有风趣、滑稽的玩笑话。其舞，有豪放者如《墨日里日》，有潇洒者如《坐马》，有缠绵者如《解钱》，有粗犷者如《大赏兵》，有风趣者如《选男选女》，有洒脱者如《摆郎》，等等。它是一部土家族生产、生活的百科全书，是历史刻意留下的一块原始宗教的活化石。

土家族织锦（2017 年）

## ◉ 手工艺品

**土家织锦** 双凤村织锦技艺历史悠久，迄今已有 1500 多年的历史，可以上溯到距今 4000 多年的古代巴人时期。《后汉书 · 南蛮西南夷列传》所说哀牢夷“织文革绫锦”的“兰干细布”，就是西兰卡普的前身，称“武陵蛮”，有着“织绩木皮，染以草实”“好五色衣服”“衣裳斑斓”的习俗。土家族不论男女还保持着“喜斑斓肥色”的习俗。所谓“岗巾”“土锦”“土绢”“岗锦”等相似称谓指西兰卡普，土家语“西兰卡普”，“西兰”是铺盖的意思，“卡普”是花的意思，汉语称“打花铺盖”。

双凤村的土家族姑娘从小就要学织西兰卡普，结婚时的主铺盖“西兰卡普”一般为自己亲手制作。土家织锦有“打花铺盖”“打花腰带”等。现代随着旅游业的兴起，作为纪念品的打花小礼袋很时尚。

2018 年，村内从事土家织锦工艺人员主要有彭金玉（县级非物质文化遗产传承人）等 3 人，制作的织锦种类主要有西兰卡普（打花铺盖）、旅游纪念包、壁挂等。人均年收入 1 万余元。

**土家腰带** 土家腰带是土家族小孩系的土花腰带。其编织方法与土锦相同，图案主要为蛇皮花。花腰带既是装饰品，也是小孩系腰保暖和学习走路的保护工具。双凤村年长的妇女一般会编织土家腰带。

**土家布鞋** 土家布鞋是土家族地区流传至今的传统手工艺制品，也称千层底手工布鞋。它将土家手工制鞋技术和刺绣工艺融为一体，采用纯棉布料，取用棕树外衣和丝瓜络纳入鞋底之中，全手工精制而成。它融工艺、舒适、透气、滤汗、养生保健功能于一体，具有浓厚的土家风情特色。双凤村妇女不论老少，一般会制作。

土家布鞋品种很多。有老人穿的翁鞋（也称棉鞋），有中年人穿的浅口鞋（也称碗碗儿鞋），有幼儿穿的虎头鞋，等等。

土家布鞋是一件很好的馈赠礼品。在双凤村的婚嫁活动中仍保留着吃“鞋茶”的习俗，即新姑娘给男方的直系长辈泡鞋茶，即送土家布鞋。长辈们要给予打发钱，少则200元，多则400元、500元不等。

**土家鞋垫** 双凤村不论中年妇女、还是青年妇女，都有绣鞋垫的习惯。土家鞋垫是土家儿女定情及传递友谊的高档馈赠品。

自古以来，妇女们在田间地头辛勤劳作之余，在夜晚昏暗的灯光下，不辞辛苦，不怕烦琐，不惜千针万线，为自己的亲人亲手纳制绣花鞋垫，凭借着原始、古朴、丰富的想象力，把对亲人的爱，对老人的祝福，对孩子未来的期望，对亲朋好友的祝愿及对一切美好生活的向往，都一针一线地纳入鞋垫之中，并伴随着亲人们走向四方，让他们无论走到哪里，都能感受到家的温暖。

**土家木雕** 双凤村木雕历史悠久，许多民房和家具依然保持着明清时代的制作风格，双凤村雕刻以“历史”和“生活”为创作根源，常见的雕刻物体是屋梁、栏杆、门窗、床、桌、柜、茶几、洗脸架等。雕刻的图案有“喜鹊闹梅”“龙凤呈祥”“麒麟送子”等多种，村内摆手堂的门窗上雕刻有蝴蝶、燕子等图案。

土家鞋垫（2017年） 周万全 摄

木雕燕子（2018年） 周万全 摄

# 山寨生态

双凤村是一个山中古堡，千年古寨，掩映在密林之中。寨中木屋，大多建于清代、民国年间，环境优美，林木葱茏，百鸟合鸣，四季常青。众多的苍松翠柏，楠木榉木、柏乐红豆等珍稀树种和一片片林海竹海将古寨装扮得分外美丽，如人间仙境 。

# ◉ 山村小景

**炊烟** 双凤村居住高山台地，山峦重叠。傍晚，夕阳落下，忙碌了一天的村民收工回家，各家各户炊烟袅袅升起，整个山寨笼罩在轻柔的烟雾之中，朦朦胧胧。村里不时传来几声母牛唤犊的哞哞声和鸡鸣狗吠的声响，山寨更加安谧与闲适。

**兰径** 从前，双凤村没有宽广大道，出村入寨，只有 3 条羊肠山路。这蜿蜒曲折的小径，有的用石块砌成阶梯，有的铺上麻石岩板。这阶梯，这石板都是很久以前，双凤人的祖先用辛勤的汗水一粒沙、一块石铺就而成。小径两旁古木参天，群兰郁香，伴随着曲径走向山外。顺着小径拾级而上，高山村落双凤像一座古堡呈现在眼前。

**竹林** 双凤村古寨后面有一大片茂密的楠竹林。竹子有 3 ~ 4 层楼房高，竹竿修长，四季青翠。远望翠竹，重重叠叠；走近竹林，映入眼帘的竹子修直挺拔，直冲云霄。双凤村竹林有楠竹和山竹，春天的竹笋是人们餐桌上的一道美味。

**茶园** 双凤村种茶历史悠久，种植面积 410 亩。依山而植的茶园呈阶梯形，分布在

楠竹林（2016 年） 彭治顺 摄

茶花（2021 年）　　彭治顺　摄

官亭堡和铃铃堡周围，园中铺有青石板台阶，山顶建有官亭和铃铃亭，方便村民劳作休息和游人玩耍观景。

**山泉**　双凤村有九口古井，清澈的泉水从岩缝间汩汩涌出，泉水孕育着双凤的土家儿女，喝之灵泉人丁兴旺、发“七寨半”。溢出的泉水流入溪沟，汇成溪流，叮叮咚咚，奔向远方。

**鸟雀**

双凤村林木花草繁多，适宜鸟类栖息繁殖，不论春夏，还是秋冬，都有一群群鸟儿不停地鸣叫。它们穿梭飞行于山林和村寨之间，随着季节和天气的变化，发出不同的叫声。

**杜鹃啼血**　杜鹃又叫阳雀（儿）、子规、催归。它总是朝着北方鸣叫，六七月间鸣叫声更甚，昼夜不停，发出的声音极其哀切，所以叫杜鹃啼血。但杜鹃不会叫过“伏天”，谚语为“阳雀（儿）叫过伏，两伢不相顾”，说明当年收成差。

**清明醉酒**　“清明醉酒，清明醉酒”，这是一种鸟的叫声，也是人们的一种意念。每年清明节前后，房前屋后的树上就会响起它清脆委婉的叫声。

**布谷催春**　布谷鸟为杜鹃科杜鹃属鸟类，芒种前后几乎昼夜都能听到它那洪亮而多少有点凄凉的叫声，叫声特点是四声一度——“快快割麦！快快割麦！”“快快播谷！快快播谷！”“早种苞谷！早种苞谷！”声音格外洪亮，音随意念，多种解读，别有情趣。它食性杂，啄食松毛虫、金龟甲及其他昆虫，也吃植物种子。人们称它为“森林卫士”。它不营巢，在苇莺、黑卷尾等鸟巢中产卵，卵与寄主的卵外形相似。

**斑鸠报晴**　双凤村有个叫斑鸠湾的地方，是因很多斑鸠常在此歇息而得名。每当夜深人静时，林中传来一阵阵“谷咕谷——咕”的斑鸠叫声，这声音，既低沉又清脆，在山林中回荡，从远处传回，透过窗门穿入耳膜。每当这时，老人们会说：明天天气一定晴朗，斑鸠的叫声好清晰。这就是斑鸠报晴的传说。

斑鸠喜欢生活在开阔地及稀疏的树林中，房前屋后有它们较多的踪影，常飞到旱田或小溪觅食，稻谷、玉米、小麦、豌豆、黄豆、菜豆、油菜籽、芝麻、高粱、绿豆等农作物种子都是它的食物，有时也吃蝇蛆、蜗牛、昆虫等动物性食物。觅食活动多为早晨7—9时和下午3—5时。

**野花**

双凤村坐落在大山之中，每当花开季节，红色的、蓝色的、黄色的、白色的野花一朵朵、一片片到处都有。

**樱桃花**　农历二月，双凤村的樱桃花便如期而至，满山遍野。樱桃花白色皎洁的花瓣围托着淡黄的花蕊，白妆素袖，一阵春风吹来，似是满山雪飘。樱桃花开，春天到来了，人们开始抢水犁田、备土、备肥、备种。

**油桐花**　20世纪60—80年代，双凤村有油桐山650亩，90年代实行退耕还林，油

风吹桐花“五月雪”（2018年）　　周代红　摄

桐山逐渐改植用材林。幸存的和新生的油桐树自然生长，花朵悄然绽放。油桐树皮平滑，灰色，叶互生，花白色，稍带一点红色，雌雄同株异花，花瓣5片，果实内有种子3～5颗。油桐花朵，盛花之时，白花簇簇，山山岭岭变成花的海洋，3～5日后，即刻掉落。初夏时节，随着阵阵清风，大地铺上一层雪白的花毯，所以人们又叫它为“五月雪”。

油桐花美丽，油桐树全身是宝。桐油为油漆、印刷油墨的优良原料，树皮可制胶，果壳制碱，根叶、花、果均可入药。

**茶花**　20世纪70年代，双凤村有油茶林200余亩，年产茶油500余千克。2016年，栽种茶叶苗300多亩。茶花开在冬日，茶花的花蕊饱含珍贵的蜜汁。人们进入茶园，随手采一节空心野草作吸管，可品尝茶花蜜的甘甜。茶花花瓣为白色，花蕊的头上有一点点黄黄的花蕊，下雨天全部变成白色，小巧玲珑，逗人喜爱，姑娘们有时会采一朵茶花插在头上，以示心灵皎洁、清纯。

**映山红**　双凤人称艳山花，相传，古有杜鹃鸟，日夜哀鸣而咯血，染红遍山的花朵，因而得名。映山红一般春季开花，每簇花2～6朵，花冠呈漏斗形，有红、淡红、杏仁、雪青、白色等，花色繁茂艳丽。映山红全株可供药用，有行气活血、补虚、治疗

野菊花（2021年）　　彭治顺　摄

内伤咳嗽、肾虚耳聋、月经不调、风湿等疾病。又因花冠鲜红色，为著名的花卉植物，具有较高的观赏价值。

**野菊花** 双凤村山上生长着很多野菊花，花的颜色为黄色，一簇一簇的，中秋过后开始慢慢绽放。

野菊花春天的嫩芽，烹炸后可成为众多食客餐桌上的一道美味佳肴；夏天一簇簇黄色的花蕾，采摘后上锅稍蒸，晾晒挑拣，为饭后茶杯里的香茗。野菊花性凉，可入药，具有清热解毒之功效。

**清明草花** 清明草，一种野草，开黄花，小巧玲珑。清明草有止咳平喘、降血压的功效。清明节前后，双凤人有吃清明草的习惯。清明草可治咽喉肿痛、肾炎、糖尿病、疮疡肿痛等症。根：滋阴益气、凉血解毒、涩精。主治气血两虚、少气无力、气虚白带、遗精、失眠、燥咳、疮肿、吐血、血热头痛、脑膜炎、缠腰火丹、肺痨咯血、消渴、小儿暑热病，外用治蛇咬伤。

清明草可以泡茶。清明草富含氨基酸、维生素及矿物质，有多种功能因子，是一种不可多得的野生植物资源，是食药两用的养生草。

清明草可以用来做糍粑，把清明草嫩尖采下，清洗干净后用开水焯一下，捏干水分，用刀剁细，加入 4 成粘米粉和 6 成糯米粉，拌和做成粑粑，包上自己喜欢的馅料，即为一款味道鲜美的清明草糍粑。

野果

双凤村植物资源丰富，野果品种繁多，主要品种有野山莓、猕猴桃、空心泡（儿）、三叶木通等。

**山莓** 山莓又名三月泡儿，生长在向阳山坡、山谷、荒地溪边，是一种灌木果实。3 月份成熟，故名“三月泡儿”。山莓可直接食用，也可药用，性平，味酸，有较强的涩精益肾、助阳明目、醒酒止渴、化痰解毒的功效。

**空心泡** 为蔷薇科植物，空心泡不仅果实甘甜，根、嫩枝及叶均可入药，具有清热、止咳、止血、祛风湿之功效。常用于肺热咳嗽，百日咳咯血、盗汗、牙痛、筋骨痹痛，跌打损伤；外用治烧烫伤。空心泡属直立或攀援灌木，高 2 ~ 3 米，小枝圆柱形，具柔毛或近无毛，常有浅黄色腺点，疏生较直立皮刺，花常 1 ~ 2 朵，顶生或腋生，花梗长 2 ~ 3 厘米，疏生小皮刺。花瓣长圆形，白色。果实卵球形或长圆状卵圆形，红色有光泽。空心泡多生于山坡疏林边，双凤村出现在溪沟和村落附近，多由鸟类食用后的

空心泡儿（2018 年） 周万全 摄

羊奶泡儿（2018 年） 周万全 摄

粪便种子野生。

**胡颓子** 胡颓子又名羊奶泡儿，属常绿直立灌木，高 3 ~ 4 米，具刺，花白色，下垂密被鳞片，果实椭圆形，长 12 ~ 14 毫米，幼时被褐色鳞片，成熟时红色，花期为上年 9—12 月，果期次年 4—6 月。胡颓子是一种兼具观赏及药用价值的植物。胡颓子的根、叶、果均可入药，在帮助降血糖、降血脂、抗脂质氧化、抗炎镇痛等方面效果明显。根：祛风利湿，行瘀止血，用于治疗传染性肝炎，小儿疳积、风湿关节痛、咯血、吐血、便血、崩漏、白带、跌打损伤。叶：止咳平喘，用于治疗支气管炎、咳嗽、哮喘。果：消食止痢。用于治疗肠炎、痢疾、食欲不佳。胡颓子具有甜味，是帮助降血糖的一种物质，是糖尿病患者可以常吃的水果。

**野猕猴桃** 又名洋桃子。野生猕猴桃生长在大山里，纯野生环境生长，富含维生素 C，以及其他营养成分，被誉为“水果之王”，可抗氧化衰老，非常适合老人儿童食用。

**山葡萄** 野生山葡萄是一种野生的果子，木质藤本。小枝圆柱形，无毛，嫩枝疏被蛛丝状绒毛，卷须 2 ~ 3 分枝，每隔 2 节间断与叶对生。果实直径 1 ~ 1.5 厘米，花期 5—6 月，果期 7—9 月，山葡萄对土壤条件要求不严，多种土壤都能生长良好。山葡萄的特点是耐旱怕涝。中医认为野生山葡萄味酸微甘涩，有祛风去湿作用，同时还具有解暑利尿作用。

**三叶木通** 俗称八月瓜，野生果品，农历八月瓜熟开口，因此而得名。八月瓜果形似香蕉，富含糖、维生素 C 和 12 种氨基酸，以及人体不能合成的缬氨酸、蛋氨酸、异亮氨酸、苯丙氨酸、赖氨酸等。果味香甜，为无污染的绿色食品，有“土香蕉”之称。

八月瓜营养丰富，清甜多汁，口感远胜蜂蜜。八月瓜可用勺挑取果肉吃，连肉带籽一起吃，能促进肠胃蠕动帮助消化。八月瓜是一味中药，名称“预知子”，性味苦、凉，主治理气，活血，杀虫、解毒。

三叶木通（2018 年） 周万全 摄

**野菜**

双凤村位于深山，野菜资源丰富，主要品种有野生菌、竹笋、山胡葱、折耳根、香椿等。

**野生菌** 双凤村森林密布，林木有松、杉、柏和杂木，适合各种野生菌生长。其食用菌主要有木耳、香菌、牛肝菌、剥皮菌、香菇、枞菌、地木耳、凤尾菇、干花菌等。其中，香菇、木耳等菌种可人工培植。唯独枞菌只能在松林中自然生长，其香味独特，不仅通过烹饪可直接食用，还可制作枞菌油。枞菌油可用作米粉、面条等调料，别有一番香味。双凤村有句谚语：“四月八枞菌发，九月九枞菌有”。农历四月初八后，松树林开始生长枞菌，因气温较低，生长出的是红枞菌；进入 8 月，气温适宜，长出的是乌枞菌，味道更鲜美。

枞菌（2018 年） 周万全 摄

**山野菜** 双凤村野菜很多，有楠竹笋、山竹笋、鸭脚板、折耳根（鱼腥草）、荠菜（地米菜）、野芹菜、蒲公英、椿木尖（香椿）、蕨菜、山胡葱、苦菜叶等。

山胡葱（2018 年） 彭治顺 摄

惊蛰过后，荠菜（地米菜）开始生长。荠菜是双凤村常见的野菜。荠菜吃法有几种，一是锅炒。将从野外挖来的荠菜洗净，滤干水分，入锅煸炒，喜辣味的拌上辣椒，即可食用。二是作为火锅配菜，火锅汤开后将荠菜放入锅中，

天花菌（2017 年）　张小红　摄

边放边吃，风味独特。

蕨　双凤村的一种野生植物，分布广泛。蕨刚出土尚未展开的植株幼嫩叶芽，可炒食，也可开水焯后晒制干菜。蕨的根茎含有丰富的淀粉，可做蕨粑粑。

蕨粑粑（2018 年）　周万全　摄

蕨粑粑的制作方法：第一，将从山上挖来的蕨根洗净捶烂。第二，将捶烂的蕨根放入木桶水洗，除去粗渣，再用白布过滤，即得淀粉液。第三，清漂。淀粉液沉清水后，将上层清水倒出，下层即得淀粉。将淀粉再加清水搅拌再澄清，需反复清漂 3 ~ 5 次。第四，熬煮。将适量淀粉兑适量清水拌匀倒入锅内熬煮，熬煮前锅内放少许植物油，防止粘锅。待淀粉液凝固熟透起锅，冷却即为蕨粑粑。蕨粑粑既可当饭食用，又可作为美味菜肴。

葛粑粑（2018 年）　周万全　摄

葛　葛在双凤野外山坡随处可见。深秋或冬季，村民上山将葛的茎块挖出制粉。有的多年老茎块，粗如人的胳膊。葛粉制作，即将从野外采挖的葛根茎块洗净捣碎，放入水中搓揉搅动，过滤去渣，使其淀粉分出沉淀，凉干或烘干而成。葛粉洁白如玉，生津止渴，食后有清凉解暑之功效。葛根可以生吃，制成的葛粉，也可用温水调匀或开水冲熟食用。双凤人喜爱将葛粉制成粑粑，熟食。

## ◉ 古树名木

双凤村林业资源丰富，古树名木繁多，据永顺县林业局2017年林业资源普查调查统计，全村有古树名木127棵，其中柏木80棵，南方红豆杉4棵、枫香树18棵、青冈树5棵、榉木6棵、竹叶楠1棵、山矾1棵、其他12棵。树龄500年以上37棵，其中榉木2棵，柏木35棵。树龄200 ~ 499年63棵，200年以下27棵。稀有树种有伯乐树1棵；长蕊杜鹃树1棵，树龄250年；珊瑚朴2棵，树龄260年；钩栲4棵，树龄260年；尖叶四照花1棵，树龄150年。

2016年12月，双凤村被州委办、州政府办授予“森林村庄示范村”荣誉。

**伯乐树** 又名钟萼木，属国家一级保护树种，被誉为“植物中的龙凤”。在永顺县林业局2017年开展的全县林业资源普查中稀有的一棵柏乐树在双凤村。伯乐树高20米，树冠塔形，树皮褐色、光滑，有块状灰白斑点。叶为奇数羽状复叶，椭圆形或倒卵形，较大，芽鳞红褐色，花为大型总状花序，顶生，粉红色，蒴果红褐色，木质、被毛，近球形，具三棱，内有种子1 ~ 6粒，4—5月开花，9—10月果熟。

伯乐树具有一定药用价值，主治筋骨痛，捣烂后外敷，疗效显著。

**红豆杉** 属常绿乔木或灌木，雌雄异株，种子坚果状，当年成熟，为典型的阴性树种。枝叶、木材、种子普遍含有毒物质紫杉醇，也是提取抗癌药物的重要原料。

红豆杉木材边材窄，与心材区别明显，无树脂及树脂细胞，纹理均匀，结构细致，硬度大，防腐力强，韧性强，为优良的建筑、桥梁、家具、器材等用材。

**山矾（山桂花）** 是山地雨林重要标志树种，国家二级重点保护植物。山桂花树干通直，生长迅速，能耐短期低温（−2℃），材质坚硬、美观，抗病虫耐腐力强，为重要建筑和家具的上等用材。

**红椆木** 又名小叶青冈，常绿乔木，高20米，木材坚硬，不易开裂，富弹性，能受压，为制作枕工、车轴的良好材料。材色红艳艳极为美观，极耐腐，不受虫蛀，百年不朽，属特种用材。历史上，木匠的刨壳、乡村油榨坊的排肩均用红椆木做成。

**榉木** 属于落叶乔木，高数丈，树皮坚硬，灰褐色，有粗皱纹及小突起，有锯齿，叶质稍薄，春日开淡黄色的小花，单性，雌雄同株，花后结小果实，稍呈三角形，此木材质坚硬纹理美观，可作建筑及器物用材。双凤村有一棵榉木，树龄500余年，属国家一级保护名木。

树龄500年古榉木（2021年） 覃熙 摄

**楠木** 驰名中外的珍贵用材树种，是制作家具的上等之材。楠木又有桢楠、白楠、大叶楠，属国家二级保护植物，也是中国特产树种。楠木是常绿大乔木，树干高达30米以上，胸径1米左右，树姿优美，人们常在庭院栽植，以配置风景和绿化。

**青冈木** 树高一般达30米，有的可达45～50米，直径1.3米以上，树叶在秋天时为金黄色和红褐色，甚为美观，且枯叶在冬天不落。新伐用材，材心颜色为白色到浅褐色，在空气中放置颜色变深，呈浅红褐色。木材纹理通直，纵切面有宽大木射线。弦锯板相当平滑，而径锯板具有诱人的银光花纹，木材结构细致、均匀。木质重硬、没有气味，是建筑、家具、船舶、乐器、儿童玩具、体育用品、工具柄等上等用材。

古青冈木（2021年） 覃熙 摄

**古树群** 双凤村的古树群别具一格，以树龄大、品种多著称。松柏

古树群（2021 年） 覃熙 摄

古道，长 4.8 千米，因双凤村前人在进出村寨的道路两旁栽植松柏树而形成，既是一道风景，又能为进出村寨的村民遮阴避雨。2018 年，古道存留的古松柏有 80 多棵，树龄 200 ～ 530 年不等，永顺县人民政府挂牌保护，保护级别为“古树Ⅰ～Ⅲ级”。枫香湾，顾名思义就是枫香树长得很多的山湾。历史上，在这方圆不到 2 平方千米的地方生长着上百棵枫香树。枫香树用途广，树干挺直，可作建材，村民过去修建房屋时用它作柱头；树叶、树果药用价值高，一般中药用作祛痒、祛风湿。枫香林也是一道风景。秋天，走进枫香湾，一片“层林尽染”，景色如画。2018 年，双凤村有枫树 18 棵，树龄 230 年，属县人民政府三级保护树木。

秘洞古树群秘不可测，古木参天。所谓称秘洞是双凤村的始祖到双凤后繁衍生息的地方，古树群坐落在秘洞瀑布周围，水生灵气，水助树长，品种繁多，仅县人民政府挂牌保护的树种就有：钩锥，树龄 260 年，国家三级保护树种；羊角藤，树龄 100 年，国家三级保护树种；珊瑚朴，树龄 170 年，国家三级保护树种；榉木 32 棵，平均树龄 220 年，最大胸围 320 厘米；赤皮青冈，树龄 320 年，国家二级保护树种。同时挂牌保护的还有尖叶四照花、桂花、小青冈、野柿、樟叶枫、猴栗子、云榧、八角、王梨香。国家一级保护树种有榉木、柏木，树龄 500 年以上。

# ◉ 生态产业

## 生态养殖

**湘西黄牛** 双凤村山高坡陡，村民养牛，均为湘西黄牛。同时，黄牛性情温驯，善于登山爬坡，耐粗饲、耐热，发育匀称、前躯略高、肌肉发达、骨骼结实、育峰高、头短小、额宽阔、角形不一、颈细长、颈垂大、胸部发达、背腰平直、腰臀肌肉发达、尾长而细、四肢筋腱明显，强壮有力，毛色一般以黄色、褐色为主，也有黑色。黄牛平均体重为 334 千克，母牛为 240 千克，屠宰率为 39% ~ 54.4%，净肉率为 46.87%。历史上，村内养牛主要役用。2018 年，坡地退耕还林，平地使用农机，村内黄牛不再役用。

**湘西黑猪** 20 世纪 80 年代以前，双凤人养猪品种均为湘西黑猪，饲养一年，一般长至六七十千克，养上两年，可达 100 千克以上，个别 150 千克。村内流传有“猪大三百斤”之说。90 年代，部分农户引进外地白猪，进入 21 世纪，村内黑猪减少，以白猪为主。

**武雪山羊** 武雪山羊是武陵山区一种皮毛为雪白色的白山羊。双凤村多山，草场丰富，村民很早就有养羊的习惯。2000 年以前村内饲养均为武雪山羊。2002 年引进波尔山羊、南江黄羊与武雪山羊杂交品改，并加强疾病预防，村内养羊，以杂交品种为主。

黄牛（2018 年） 周万全 摄

家禽　双凤村家家户户饲养家禽，自养自食。20 世纪 90 年代，大部分劳动力外出务工，鸡鸭鹅养殖随之减少。2018 年，鹅在村内消失。

1980—2018 年部分年份双凤村农户养殖情况表

表 7

| 年份 | 猪（头） | 牛（头） | 羊（只） | 鸡（只） | 鸭（只） |
| --- | --- | --- | --- | --- | --- |
| 1980 | 33 | 45 | 20 | 382 | 60 |
| 1990 | 125 | 57 | 38 | 470 | 157 |
| 2000 | 212 | 75 | 52 | 550 | 215 |
| 2001 | 312 | 64 | 130 | 572 | 252 |
| 2002 | 400 | 60 | 570 | 560 | 274 |
| 2003 | 334 | 44 | 300 | 250 | 210 |
| 2018 | 110 | 0 | 150 | 240 | 108 |

### 生态林业

双凤村林业资源丰富，树木品种繁多，护林管理工作落实。

退耕还林　2002 年，双凤村内三条溪流的发源地列为退耕还林区，实施退耕还林。村民承包的耕地与宜林荒山植树造林后，承包期延长到 50 年，允许依法继承和转让，到期后可按照有关政策和法律继续承包。

全村退耕还林验收面积 1241 亩，栽植有用材和果木两大类。用材有杉树、桤木等，果木有柑橘、板栗等。

退耕还林国家补助，从 2002 年起，前 8 年每亩每年补助 230 元（含种苗费），后 8 年每亩每年补助 135 元。前 8 年全村农户获补助 228.344 万元，后 8 年获补助 134.028 万元，共 362.372 万元，全村人均达到 12626 元。

护林公约　2002 年，双凤村订立《禁山公约》规定，不准随意砍伐林木，严禁破坏森林的行为发生。凡封山地块，均立禁牌，标明四至界限，周围树上都捆有草标，或挂上涂血的白纸以示封禁。封禁期限一般为长期，部分区域为永久性，如古树名木和风景名胜区等，也有 20 年、30 年、40 年不等的。凡属封山地段，自宣布被封禁之日起，公推专人看管。所定条款有：禁止放牧牛羊，禁止捡柴割草，禁止砍伐林木，禁止林地烧灰、刨土、取肥，禁止放火烧山。另外，对经济林保护专作规定。即桐子树、茶子树、木油树、五倍子树、漆树这五种树不准砍柴，若发现村民哪户砍伐这类树木，每枝罚桐油、茶油、木油、五倍子各500克。若是漆树则要罚漆200克（有时按市场价折成现金兑付罚款）。即使这五种树的树枝枯死，也要由看山员先到林地查看，确认树枝枯死的树干，并逐一打上记号。然后在村内鸣锣相告，以示树的主人可依林中记号进山采伐。

**专人管理** 20世纪50年代，村内就有1名兼职护林员，报酬由农户分摊，六七十年代，由生产队记工分；80年代，由村委会统筹解决。90年代起，村护林员由1人增加到2人。误工补助每人每年3000元由乡林业站发放。2017年6月，护林员补助提高，每人每年标准为1万元。2018年，由县财政打卡支付，全部发放到个人。

**“查非纠违”** 历史上，村内曾对保护“公山”立有规矩，若有发生破坏“公山”事件，由寨主主持，对当事人实施严格惩处。民国时期，一村民在禁山偷砍杉树一棵，寨老召集寨内成员商议，要当事人当众认错，并要杀猪一头，请全寨人吃一餐饭。同时，竖立一块禁山碑，以警后人。又有一次，寨上某人砍伐村边岩坎上的树枝做柴火，砍柴人即刻被寨老处罚，罚他修补寨上的土地堂。由于对乱砍滥伐行为处罚严格，村内“公山”及古树名木得到有效保护。

20世纪70年代至80年代初，村内林木出现过度砍伐现象，水土保持破坏严重。1985年，双凤村遭受百年未遇大旱，村内九口水井全部干涸，村民用水要到十多里以外的山下肩挑背负。于是，村民集中开会，确定护林员，商定加强森林资源保护，要把森

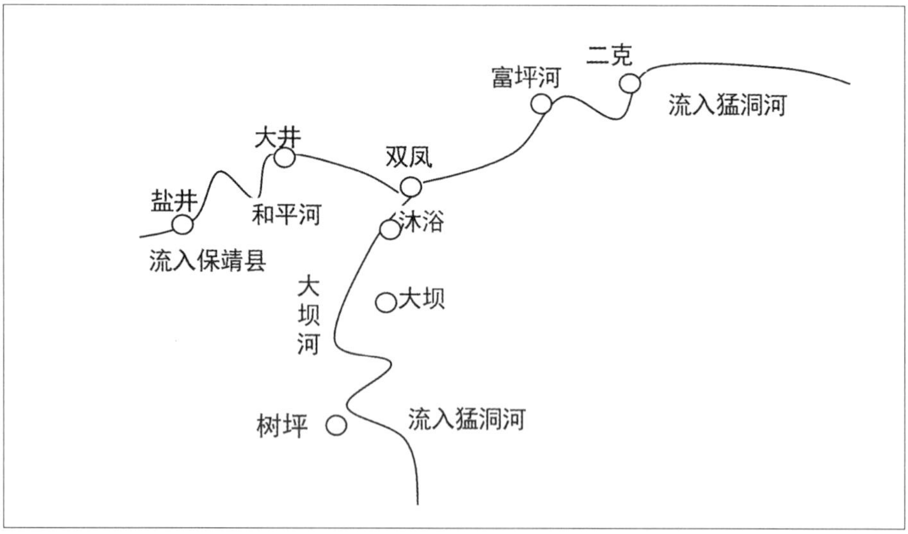


双凤村发源的三条溪流经村寨示意图

寨门牌楼（2015年）　　贺文胜　摄

林天然水库管理好。2003 年，重新制定“封山育林告示牌”，并加大对破坏森林行为的处罚力度。至 2018 年，先后有 7 起违规砍伐和损坏林木的行为受到相应处罚。

## ◉ 生态宜居

双凤村是典型的土家山寨。环境优美，空气清新，远离闹市，适宜人居。

**寨门牌楼**　“摆手踏歌频神殿祈福民族文化逾千载，凌霄双凤舞老宅访古天下土家第一村。”寨门两旁这副对联展示着摆手堂恢宏的气势和土家人的民族特征。寨门是迎接客人喝拦门酒的地方，纯朴好客、礼节隆重的土家人，男穿琵琶对襟上衣，头缠青丝帕，女穿“左襟大褂滚花边，衣袖宽大镶边筒”的土家族盛装，齐聚村口，站成一排，迎接宾客。八仙桌上摆着一碗碗山泉酿制的米酒。一群纯朴、热情、灿烂如花的土家姑娘站在你身旁，举杯执壶，边唱边舞，用最霸气的祝酒词和土家人所有的热情欢迎远方的朋友。寨门是祭祀祖先神灵的地方，当客人喝完拦门酒，在惊天动地的礼炮声中，在节奏欢快流畅的土家溜子声中，举行庄严、神圣祭祀祖先神灵的仪式，焚香奠酒，叩拜作揖，感恩天地祖神。

**特色民居** 双凤村的民居为木质建造，一般由正屋、偏屋、转角楼、朝门四部分组成。正屋结构有三柱四棋、三柱五棋或五柱八棋，大多四排三间。正屋中间为堂屋，以祭祖先和迎宾客之用，两边作房间，堂屋后面有过道房，俗称“包兜房”。偏房称磨角，又叫“骡子屁股”或叫刷子屋，连接于正屋的左右两边，作灶房或碓磨房之用。转角楼是土家族民居的特色，土家山歌：“山歌好唱难起头，木匠难起转角楼，岩匠难打岩狮子，铁匠难滚铁锈球”。土家族转角楼，俗称“走马转角楼”，历史上，多子女人家，女儿住转角楼，故有绣花楼或姑娘楼之称。转角楼建于正屋左前或右前，称“单吊式”，也有正屋左右都起转角楼的，叫“双吊式”。转角楼均不能高于正屋，寓意“偏不压正”。转角楼一般为三排两间，上下两层，上为房间，下为厢房，仓库或碓磨房。转角楼挨正屋一边有悬空走廊，转至外沿当头，当头两边上端，妙廊翘起，雄伟壮观。

**天然氧吧**

双凤村林木葱郁，空气清新，谓之天然氧吧、绿色世界。2017 年 12 月，双凤村被中共湘西州委统战部授予“州级同心美丽乡村”荣誉。

**空气清新** 双凤村林木葱茏，四季常青，珍稀树木和竹海将整个山村掩映在绿波翠浪之中。村内土家人，虽然身居木楼，木屋被森林环绕，但他们还利用房前屋后的土地，种上蔬菜。有的门前植有桂花树、月季花、菊花、映山红、栀子花等，在绿树成

山寨夜景（2015 年） 贺文胜 摄

风雨桥上话家常（2018 年）

风雨桥上话家常（2020 年）　　杨宇雄　摄

荫，空气质量特优的环境中，增添花的清香，美的色彩。

**森林葱郁**　双凤村有生态林、用材林、经济林、薪炭林。生态林主要有枫香、青冈、柏、榉木、雷公子、苦栗、猴栗树及马林光等；用材林主要有松、杉、柏等；经济林主要有茶园、竹林等。村寨内除稻田和耕地以外，基本被树林、竹园覆盖。

**绿色康养**　双凤村辖区山绿、水绿、田园绿、野生瓜果绿，村民家庭种植的蔬菜，不用农药化肥，绿色、安全、环保，村民们生活在绿色世界之中。

**田园静美**　双凤村的稻田不是大坪大坝良田，有的开在村落附近的高山台地上，有的开在高山脚下的溪沟旁。由于气候适宜，稻田基本不打农药，每当水稻扬花的时节，稻田里的青蛙声，溪沟里的岩蛙声，山林里的蝉鸣声、斑鸠声，回荡在双凤的山谷，声声悦耳，非常好听。当稻谷成熟的时候，微风吹过，掀起金色的稻浪，田原风光更加美丽。

**生态保护**　双凤村，青山环抱，村民有封山育林，保护林木的优良传统，民间有“山清水秀地方旺盛”“山穷水尽地方衰亡”的说法。因此，村内划禁山，立禁约。《禁山公约》规定，不准随意砍伐林木，严禁破坏森林的行为发生。凡属封山地段，均立禁牌。凡属禁山之内，禁止放牧，不得捡柴割草，严禁砍伐林木，不许在林地烧灰、刨土、取肥，严禁烟火，防止烧山。同时公推专人看山，强化生态保护。

双凤村山地面积大，土壤团粒结构好，酸碱度适中，气候温和、光照适宜，湿度大，雾盖多，是发展高山高产优质茶园的理想之地。2000 年，双凤村建立永顺县无性系

荣誉牌　　彭治顺　摄

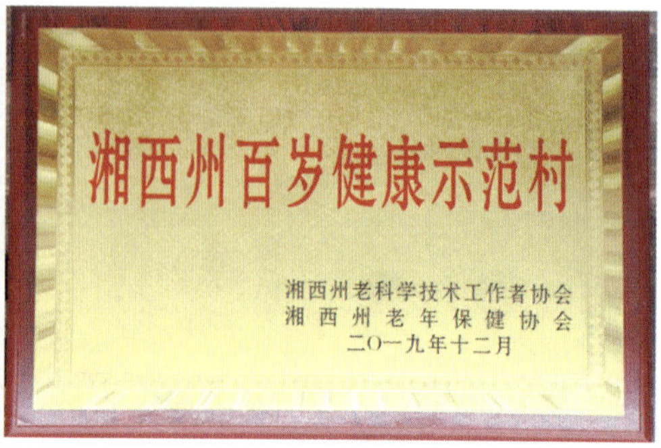


荣誉牌　　彭治顺　摄

良种茶园基地，新扩茶叶面积 200 亩，茶叶品种有福鼎大毫、福云 6 号、碧香早、竹叶齐、白毫早五个优良品种。2002 年，实施退耕还林 1241 亩。

**世居安逸**　村域很早就有人类活动。战国时期，属于楚之黔中地。唐代，域内彭、田两姓的祖先就在此定居，并传承土家族文化。1956 年 5 月，民族学、社会学、语言学家潘光旦到双凤村，开展包括民族语言在内的民族学调查。2018 年 2 月 13 日湖南《华声在线》、2018 年 2 月 25 日湖南省湘西州《团结报》均报道：1956 年因“土家族文化传承千年不断，民族图腾象征功不可没”，被民族专家认证为“土家第一村”。土家族先民从春秋战国时代的《巴人》到唐代的竹枝词，再到土家古歌“哭嫁歌”“摆手歌”；从既是舞也是剧、有唱有说的“毛古斯舞”，到有“单摆”“双摆”“回旋摆”“大摆手”“小摆手”多种类型的“摆手舞”，无不体现出土家族文化的丰富灿烂。从“红灯万盏人千叠，一片缠绵摆手歌”的诗词中，充分反映出土家文化曾经的辉煌，土家先民世居安逸的盛况。2019 年 12 月，双凤村被湘西州老科学技术工作者协会、湘西州老年保健协会授予“湘西州百岁健康示范村”荣誉。

# 农耕传承

双凤村土质为板页岩发育的青砂泥土，土壤肥沃，质地疏松，土壤含磷量高，团粒结构好。四季分明，湿度大，多雾，年平均气温为 18℃，最高日平均气温是 35.5℃，最低日平均气温是 −7℃，无霜期 266 ~ 277 天，年平均降水量为 1357 毫米，适宜农作物生长。

## ◉ 农耕资源

**水田** 据统计，土地改革前，双凤村有 49 户，222 人；有水田 1158 挑（231 亩），人均约 1.04 亩。20 世纪 80 年代，双凤村有稻田 230 亩。1995 年 5 月 31 日，村内普降暴雨，山洪暴发，冲毁稻田 70 余亩。2018 年，全村有稻田 160 亩，人均旱涝保收面积 0.3 亩。

**旱土** 2011 年，全村有旱地 1200 亩。2002 年，实施退耕还林工程，2018 年，村内有旱地面积 18 亩。

**役用牛** 1950 年，全村有耕牛 21 头。20 世纪 70 年代，3 个生产队共有耕牛 37 头。1980 年发展到 45 头，2000 年增至 75 头。2001 年开始实施退耕还林，耕地和放牧地减少，对牛的需求也随之减少。2003 年，存栏牛 44 头。2018 年，村内耕牛消失。

**灌溉沟渠** 双凤村的灌溉沟渠分为两类。一是“雷公田”沟渠。在山上开凿小土

水稻（2018 年） 彭治顺 摄

沟，也叫露水沟，雨落下来将“天水”引进田地灌溉。二是水坝小渠。村内稻田主要在山下溪沟两旁，历史上在溪沟修筑土坝，一年维修一次；后来用水泥混凝土加固，全村有大小沟渠 76 条，总长约 5.8 千米。

**新开稻田**　20 世纪 60—70 年代，双凤村开展“学大寨、学洛塔、学野鸡坪”活动，在小溪沿岸和官厅堡一带开垦稻田 38 亩，风调雨顺的年份能获得较好收成，年增粮食产量 15 余吨。

**土壤改良**　双凤村注重土壤改良，在开挖过的坡地上逐年砌坎保土，逐渐形成梯土，减少水土流失。同时，秋收后，对旱地翻土沤坯，闲置越冬，防止土壤板结。如此连续耕种不辍的旱地，村民叫“千年地”，称新开垦的旱地为“生地”；耕种一春的生土为“二生土”，以后就称“熟土”。防止土地贫瘠，对高山旱地除增施农家肥外，还实行轮歇养地，即对那些肥力衰退的旱地，必须抛荒，待几年后，修山砍草焚烧，用这些草灰肥土，再垦复种。对稻田的改良采用两种办法：一是冬干法。将稻田水放干，增强土壤的透气性。二是“泡冬法”。将稻田在秋收后及时翻耕“泡冬”，一粒稻谷烂了要肥一坨泥土，也称“冬水田”。有的村民趁山上杂草还未干枯，割下撒入稻田中，翻耕稻田时用泥坯压住，增加稻田肥力。

## ◉ 农事农耕

**四季农事**　双凤村春耕时节的农事节气有立春、雨水、惊蛰、春分、清明、谷雨 6 个，主要农事有备耕、备肥、播种。在春分至清明时段，地膜玉米播种，水稻播种育

传统犁田（2018 年）　　周万全　摄

用打谷机打稻谷（2018 年） 彭治顺 摄

秧，红薯育苗移栽，花生、黄豆等春季作物播种。夏天的农事节气有：立夏、小满、芒种、夏至、小暑、大暑6个。主要农事有水稻插秧、旱粮锄草施肥，农作物病虫害防治。秋天的农事节气有：立秋、处暑、白露、秋分、寒露、霜降。秋天是收获的季节，村民将成熟的苞谷、稻谷、黄豆、花生等农作物收回家中，脱粒晒干入仓保存。村民还订立了油桐油茶采摘的村规民约，首先规定全村收摘桐籽茶籽的统一时间，农历寒露前三天开始收摘茶籽，霜降后三天开始收摘桐籽。在这个季节，茶籽、桐籽才成熟，出油率才高。冬天的农事节气有立冬、小雪、大雪、冬至、小寒、大寒，这个时段的农事主要是田土翻耕。另外，青壮年男劳力有时上山赶肉，即打猎，主要是赶野猪。进入 21 世纪，村内农事活动部分改变，冬天不再翻耕田土，青壮年劳动力主要是外出务工，不再上山狩猎，新栽的油茶籽采摘时间稍有推迟等。

**砍火畲** 历史上，双凤村长期采用“砍火畲”方式获取粮食。“砍火畲”，即用刀斧砍伐坡上的树木杂草，草木晒干后用火焚烧。经过焚烧的土地变得松软，地不用全垦，只在烧过的土地上挖掘播种的小窝，将种子播下；地面的草木灰作肥料，不再施肥，等待

稻草树（2021 年）　　彭治顺　摄

收获，一般一年后易地而种。20 世纪 70 年代后，禁止毁林开荒，“砍火畲”已成为历史。

**抢水犁田**　双凤村有部分稻田分布在山坡上，称“坡田”。没有坝水，灌溉全靠春天下大雨发水，故称“靠天水”，又称“雷公田”。若在晚上下雨，每到春耕时节，一遇雷雨天气，村民就要冒雨出门，即“抢水犁田”。即使三更半夜，电闪雷鸣，也要赶牛下田。夜间伸手不见五指，就在牛角上挂上灯笼，或由家人在田埂上用火把照明。抢水犁田，一次不能完成，一般 3 ～ 4 次，以增强稻田蓄水抗旱能力。20 世纪 90 年代后，坡田（雷公田）基本改种旱粮或茶叶，连夜抢水犁田情况不再出现。

**踩田除草**　这是土家族先辈的一种生产技术。踩田可以帮助土壤透气，促进稻根生长，同时除去田间杂草。具体方式是：踩田前田里要撒石灰、火坑灰或草木灰，因村内稻田在翻耕时，一般都沤有青草，俗称“打青”。“打青”的田偏酸性，撒上石灰或草木灰后中和酸碱度。踩田的人要准备一根踩田棍，因踩田时，随时要用一只脚活动护秧蔸，这就要有一根木棍子帮助稳定身体。腰间要挂一个鱼笆篓，石灰撒后，泥鳅、黄鳝浮出水面，踩田人顺便捡起装入笆篓。在踩田时，手、脚、眼并用，手要除稗和扯杂草，并将稗草挽成小坨再用脚踩入泥中促其腐烂；脚要用力，将小草拱入泥中，将稻苗侧根攻断，让其生长新根；眼要观察，注意不能留空白。20 世纪 90 年代后，化学除草剂的推广使用，稻田不再踩田除草。

**搬桶打谷** 历史上，在打稻谷时一般由力气大的男子汉搬打谷浮桶，有搬“翻天印”的，即从浮桶底子背起，口朝上；力气稍小点的要用浮桶杠子从浮桶内对角挑起搬起来。搬桶在生产队时要另记工分，一般每次 2 分（正常头等男劳动力劳动一天，定额工分 10 分）。在打稻谷时浮桶的后两个角上要围上围篷，以防稻谷撒落。两个人割禾把子（即割稻谷蔸，4 ~ 6 蔸为一手，2 ~ 3 手为一把），4 个人拍打稻穗，2 个人一只角。拍打时，两人先后用力各在浮桶板上拍打一下，再相互轻揉一下，这叫“八哥洗澡”打法，一般对打四个来回，稻谷就拍打干净了。在打稻谷时，稻草要靠在浮桶边上拉手（也叫耳子）上，足够一个稻草时及时捆好晒在田边。20 世纪 80 年代，推广人力打谷机；90 年代，人力打谷机改为机动打谷机。进入 21 世纪，使用微型收割机，浮桶打谷被淘汰。

**稻草上树** 双凤村的稻谷收割结束后，若稻田有水，就将一个一个捆好的稻草拖上田坎或其他空地翻晒，若是干田的就在田内翻晒。当稻草晒干以后，在靠近寨子或牛栏边的空地栽上一根树桩，树桩高 4 ~ 5 米，将稻草沿树桩踩压成圆锥形状，也叫“码草树”或“稻草上树”。冬天雨雪天气，耕牛不能正常上山吃草，以及鲜草不能满足牛的正常食用时，每天晚上都要给牛上点稻草催膘，俗话说：“牛无夜草不肥”，以备来年春耕。进入 21 世纪，耕牛减少，稻草不再作为耕牛过冬的主要饲料。但每家每户仍然收贮一定量的干稻草。干稻草的用途广泛，表演毛古斯舞道具就要用稻草等。

**记分分红** 1961 年，人民公社实行三级所有队为基础体制，社员在生产队以记工分方式分配钱粮。头等男劳动力劳动一天工分记 10 分；头等妇女劳动一天工分记 8 分；初到生产队出工的年轻人（十五六岁），工分只记 2 分、3 分，成年和劳动技术成熟后，则按同等劳力记工分。这里所指的是基本工分。若遇栽秧打谷崴苞谷、捡油桐、摘油茶等苦力活，多劳多得，拉开档次，比平时要高。生产队记工分是公开的、民主的，召开全体社员大会记工分，张三多少、李四多少，并且每月张榜公布一次。到了年底，生产队会计将全年的收入明细和支出明细张榜公布，接受社员群众监督，总收入减去总支出再减去来年预留的生产成本就是大家用工分分配的总金额。双凤村最好的年份每个工日（10 分）分得现金 0.35 元，最差的年份每个工日 0.21 元。1981 年，双凤大队各生产队推行大包干农业生产责任制，农业生产以家庭经营，记工分分红已成为历史。

# ◉ 农耕器物

**犁耙** 犁由犁弯（一根弯弯的木头）、犁箭、犁底、铧口四大件组成，犁箭和犁底起固定铧口作用，犁弯、犁箭和犁底相结合是调整犁地深浅的，犁嘴离地高低由犁箭的长短决定，也决定犁地的深浅。犁弯一般用松弯木制作，以利轻巧；犁箭和犁底用坚硬杂木制作确保结实；铧口则是生铁浇铸灌制而成。犁分田犁和坡犁两种。田犁顾名思义是用来犁田的，但田犁又有板田犁和二道犁之分。板田犁耕田浅一些，因为是板田，犁深了牛拖不动；二道犁耕田深一些，犁水田第二道时才用二道犁，犁深一点有利于稻田蓄水保水。一般田犁的构件要重一些，坡犁是用来耕山坡地的，较为轻便一些，在山坡上便于摆动操作。一年农活做完以后，村民们将犁洗刷干净，晾干后刷桐油以备来年再用。进入 20 世纪 90 年代，小型耕整机广泛使用，传统的牛犁耕作逐渐淘汰。

耙有木耙和铁耙两种，铁耙由耙齿、支撑架、扶手三部分组成。所谓木耙是指固定耙齿的部件由棕树杆加铁箍做成，12 根耙齿要用 13 个铁箍，两端的撑架和扶手均用硬质木材做成，特点是就地取材，相对轻便一些。铁耙除扶手为木质材料外，其他部分均为铁质材料打制。耙的作用是用来平整稻田，将翻耕后的犁坯赶平，并有“高架耙、低架犁”之说，就是要将高处的泥巴赶到低处去。耙田，有横耙、直耙、头道耙、二道

犁耙（2021 年） 彭书珍 摄

耙、栽秧耙等多道工序，其后的栽秧耙一般由耙田能手操作掌握。

**挖锄** 挖锄是挖土用的劳动工具，一般宽 8 厘米，长 30 厘米。挖锄的锄头在铁匠铺用铁打制，在锄头的前端还要加钢片，这样挖土时，锄头遇到树根容易挖断，不小心遇到小石块，锄头口子不会卷缩。安钢片在铁匠铺打制吃水的时候有讲究，火候老了锄头跳掉钢后成缺口，嫩了遇上岩石会卷口。双凤人打制锄头一般为旧物利用，以节约成本。即将锄头脑壳带到铁匠铺翻新加铁加钢，脑壳部分不再新制，成本可以节约一半。锄头打好后安好木把，木把须用硬干木做成，一般长 100 厘米。村民平时上山砍柴，见有可做木把的木材都会砍回家，放在火坑上炕干备用，未干的木料不能用作锄把。

**薅锄** 薅锄是用来地里除草的主要农具。薅锄口宽约 18 厘米，也是在锄口加钢制作而成。薅锄的木把比挖锄的要长一些，一般 150 厘米，有的甚至达 200 厘米。薅锄用途广泛，除了薅草以外，还可用来拌和泥浆、农家肥、钩猪栏牛栏粪便等。

**柴刀** 柴刀是村民上山砍柴的工具，分大、中、小三种。大柴刀可以砍 10 厘米以上粗的大树，中柴刀用于砍 10 厘米以下的柴，小柴刀主要用于砍 5 厘米以下的茅柴或芭茅。双凤人过去有一种不成文的习惯，那就是家家户户比谁家柴砍得多，柴多的家庭俗称“财（柴）主”，是勤劳肯干的象征。

**锯子** 锯子是用来锯木的。锯子由锯片、拉手、抻杆、膨绳组成。双凤人常用的锯子有手锯、平锯、弓锯三种，手锯又分镣锯、中锯、小料锯。不论何种类型锯子都有锯

农耕工具（2021 年） 彭书珍 摄

齿，锯齿呈三角形很锋利，靠锯齿与人的拉力配合裁断木料。

镲锯一般用来裁锯圆木，中锯主要用于锯木板排扇方，小料锯主要是打家具使用。平锯主要用来锯木板，锯修建木屋的排扇方等。

进入21世纪，农村广泛使用动力锯子，省时省力，传统的人力拉锯逐渐淘汰。

**谷耙** 谷耙是村民们翻晒粮食的主要工具。谷耙有齿耙和板耙两种。齿耙由耙齿、耙杆两部分组成，主要用于翻晒稻谷，耙齿可将稻谷中稻草拔出撵走。板耙由耙板、耙杆两部分组成，耙板下方削成扁形，上方削成弧形，中间安上耙杆，可翻晒各种粮食作物。

**晒簟** 晒簟是村民们晾晒粮食作物的主要用具。晒簟由篾匠用楠竹篾片编织，一般宽2.7米、长4米，两边用棕绳绕头，增加晒簟的耐拉力，两端头用厚篾块加固，便于竹晒簟卷成筒形保存。用竹晒簟晒东西干得快，容易收捡，若遇小阵雨将竹晒簟两端卷起盖上，即可防雨。同时，用竹晒簟晒得粮食干净，没有泥沙。现在，随着水泥等新材料的推广应用，岩板坪用水泥勾缝，或打造水泥混凝土坪场，竹晒簟逐步退出历史舞台。2018年，村内保存竹晒簟的农户有彭振武、彭振明、彭振松等。

**风车** 风车是村民净化粮食的一种主要工具。风车由木料制作，有骨架、风鼓、鼓

风车（2018年） 蒲忠胜 摄

叶、鼓轴、料斗、分水板、头料口、二料口、灰口等相关构件。第一步按相关尺寸制作风车架子，整个架子有四只脚、两根抬方（抬动风车用）、六根大斗方（固定风车斗用）、四根小斗方（固定风车四脚用）。第二步制作风鼓、鼓轴和鼓，鼓轴固定在风车的两只脚上，在鼓轴上装鼓叶子，鼓叶外做圆形风鼓，作进风送风用。第三步制作料斗，料斗上宽下偏窄，在下方窄底处设有一开关闸门，需手摇鼓轴，鼓叶产生气流将从闸口落下的谷物吹进头道或二道漏口。第四步制作分水板、头料口、二料口，分水板一般固定在落料口下的稍前方，分水板前后分别制作槽形头料口和二料口，饱满的谷物从头料口落下进入下面的箩筐，不饱满的从二料口落下，灰草类从灰口吹出。有的将二料口落下的还要复车一次，做到颗粒归仓。

**背桶、挑桶** 双凤村山高坡陡，不便挑抬，背水、背粪一般使用背桶，背桶的木料为杉木，由木匠制作而成。背桶高一米余，扁口为腰子形，上大下小，安上棕系或篾系，供人背负。水桶在制作时有两块叫作连子的木瓦块高于周围木瓦，并由一块横板相连，直接用于挑或提。粪桶在制作时要制作两个耳子，高于其他木瓦 10 厘米，并打上眼子，需要再用篾块做成粪夹子，穿于两个眼子，并固定后方能使用。

**钉耙、赴滚** 钉耙、赴滚是双凤村民的生产农具。钉耙是用来搭田坎的，赴滚是用来平整水田的。村民秋收以后泡冬水田，将稻谷草以及山上割来的青草、嫩枝、树叶翻耕于泥坯下面。但泥坯和草一部分会露于水面泡不着，这时就要用赴滚将泥坯和草压入水中。在使用赴滚时用牛牵引，人站立在赴滚踩板上面，用牛的引力和人的重力将泥坯和草压入水中。赴滚的制作由拖犁、踩板、滚筒、耳子四件组成，两根拖犁（两头微翘）、两块踩板组成一个方形，滚筒安放在两块踩板中间，并套在拖犁中段的木栓上。木栓是固定的，滚筒的滚心两端是空的，套在木栓上。滚筒是活动的，在赴田前进时滚筒不停地翻滚，滚筒上装有叶齿，靠叶齿将泥坯和草压入水中。在前踩板装有两个耳子，用于固定牛缆绳，后踩板上钉有一个与人脚板长短相近的半月形木板，防止人脚打滑。同时，后踩板右端固定有一个铁环，系上 50 厘米长绳，便于调整赴滚方向时省力。

**蓑衣、斗篷** 蓑衣全部用棕衣片缝制而成，形似蝴蝶，有衣领、背板、翅膀、尾巴，一件蓑衣要 80 片棕衣片嵌接缝制，主要用作雨具。斗篷有纸斗篷和棕斗篷两种，并有大小之分，斗篷制作是在模子上面套织的，纸斗篷模子外圆稍大，便于避雨，棕斗篷的模子外圆小些，较为轻便。编织斗篷时，要在模子上套织两块坯子，然后在两块坯子中间夹纸或棕衣片，夹好后再锁口，绞边，安斗篷圈子（固定人头部用）。最后，选

蓑衣斗笠（2021 年）　　彭书珍　摄

择晴朗天气，给斗篷表面刷上一层桐油或者清漆，目的用于防潮，防止斗篷被雨水浸渍后腐烂。20 世纪 90 年代后，蓑衣被塑料雨衣取代。

## ◉ 传统工匠

**木匠**　双凤村木材资源丰富，村民的住房为木质结构，生活用品大多为木材制作，包括水缸、米桶、水桶、柜子、桌子、椅子等，因此，历代都有木匠。木匠又分大料、小料、木桶、椅子等。大料木匠以起屋建房以及装屋为主；小料木匠以打制柜子、箱子、桌子、板凳等为主；木桶（桶桶）木匠以制作水桶、端桶、脚盆、脸盆等为主；椅子木匠专门以弯（做）小椅子为主。木匠工具主要有斧头、刨子、锉子、锯子、墨斗、尺子等。20 世纪 90 年代，随着塑料制品的普及，水桶、粪桶、盆子逐渐由塑料替代木质，桶桶（儿）木匠逐渐减少；柜子、桌子等家具也开始到城镇家具店选购，小料木匠呈减少趋势，房子装修木匠逐渐增多。2018 年，村内在外专做房屋装修的木匠有 4 人，做新式家具的有 2 人。同时，木匠工具也大有改进，有电刨、电锯等，木匠的劳动强度减轻。

**岩匠**　历史上，双凤村的村民生产生活离不开岩石器具，加工粮食的水碾、石磨、石碓等。因此，村内世代都有岩匠。岩匠除修水碾、打石磨以外，还为建房打制磉礅、地脚枋下的拦枋岩、阶沿岩，有的人家还在天坪铺岩板等。进入 20 世纪 90 年代，随着村民收入的增加，一些村民还为去世的老人立墓碑。到 21 世纪，村内的岩匠主要成为打墓碑的岩匠。因为，水碾、石磨、石碓均被打米机、磨粉机等现代粮食加工机械所取代，石磨、石碓被弃用。岩匠的工具也由以往的手锤、錾子、楔子改变成电锯、电錾，其工效明显提高。

**瓦匠** 双凤村主要有捡瓦和烧瓦的瓦匠。从过去到现在，千百年来，村内房屋全是传统木屋，小青瓦屋面，并建有吊脚楼。青瓦屋面，平时需要查漏；因风吹雨打，小动物翻动，一般每三年需要全面翻捡一次，瓦匠必不可少。捡瓦的瓦匠没有什么工具，全凭双手翻捡瓦片。技术主要体现在处理屋脊、檐口，以及正屋与厢房结合部的过沟。烧瓦的瓦匠，即将泥土烧制成青瓦，其技艺主要体现在两个方面：一是将用牛踩糯的泥巴通过瓦桶模子做成瓦片；二是将泥巴瓦片通过瓦窑烧成青瓦，而关键在于放窑田水，让瓦由红变青。村内从 20 世纪 30 年代起，就有瓦匠传承，先有保靖上门的王氏两兄弟，后来，传承到当地彭姓人家。2018 年，全村既会捡瓦又能烧瓦的瓦匠仅有 1 人。

手工制瓦（2014 年） 李智倪 摄

## ◉ 传统种植

**水稻种植** 水稻一直是双凤村主要粮食作物，传统品种多为高秆，主要有马尾粘、麻粘、晒阳粘、九月糯和百日早等。20 世纪 50 年代，开始引进万利籼、胜利籼等新品种。70 年代中期引进杂交品种，产量开始明显提升。耕作制度为一年一熟制，俗称中稻。在栽培技术上，民间总结为六句话："油桐开花才播种，大块秧田撒哑种，两拳一竖就栽秧，排手四蔸打转转，两青三灰或打枯，踩田二道把谷收。"在双凤村，水稻播种育秧，一般在清明过后，普遍做大块水秧田，在秧田内按五尺（约 1.7 米）的宽度划厢，谷种浸泡破胸后撒入秧田，秧田不关深水，只需浅水湿润即可。当秧龄到 30 天时，即开秧门扯秧栽插。然后进入田间管理，即中耕施肥，大田灌溉，病虫防治等。立秋之后到处暑时节水稻成熟，进入收割阶段。90 年代，水稻栽培技术不断改进，育秧方面，先后有高温破胸、适温催芽、温室育秧、小苗带土移栽、"双两大"（每蔸双株、两段育秧、大蔸、大行）等，栽插密度方面，从转转秧、"挨挨寸"到扯索分厢栽对子行等，一切办法措施均为增产增收。

**玉米种植** 玉米，俗称苞谷。为双凤村旱粮主要粮食作物，传统品种有头黄、二黄，但种植稀疏、易倒伏。种植方式为点播，一排三蔸，一般中耕锄草两次。在双凤村播种时，采取"种子包衣"办法，即将玉米种用桐油拌合后再用硫黄粉拌合，这既为种

杂交玉米（2018 年） 周万全 摄

田边小粟（2018 年）　　周万全　摄

水稻（2018 年）　　周万全　摄

子增添肥力，又可有效预防鸟虫危害。这种办法一直沿用到 20 世纪 90 年代，90 年代后，普遍种植杂交苞谷品种，杂交品种又采用新的包衣办法。在双凤村，有玉米套种的传统。一种是玉米套种红薯，即一行玉米，一行红薯；玉米先收，红薯后挖，互不影响。一种是玉米套种豆类，即一行玉米，一行红豆或绿豆。杂交苞谷推广后，种植方式改变，即由点播改为育苗移栽，产量大增，亩产由 50 年代的 50 千克左右增加到 250 千克左右。至 2018 年，一直保持。

**黄豆种植**　黄豆，即黄皮大豆。双凤村农作物之一，村内家家户户种植。传统种植方法：先备底肥。历史上，种黄豆的底肥由火坑灰、桐枯粉和人畜粪拌和而成。其次，精心播种。黄豆播种，需两人配合，一人在前面用锄挖穴（窝子），一人在后面播种又丢粪灰，即腰间挎种篓，胸前挂灰粪撮箕，左手出种子 3 ~ 5 粒，右手将种子与灰粪坨同时抛入穴中，挖穴人随即覆土盖上。在双凤村，还有田坎种黄豆、种小粟的习惯。田坎种小粟，土地充分利用，旱涝保收，穗大穗长。2018 年，田坎种黄豆、小粟的习惯没有改变。

**油菜种植**　油茶为双凤村主要油料作物。传统品种有芥菜型苦油菜和白菜型甜油菜，后又引进胜利油菜等新品种。传统种植方式为“点播”，即将火坑灰与人畜粪拌和成干湿适度的“灰粪”，再将油菜种拌和，形成“灰种”，然后用手将“灰种”点入平整后的油菜地中。点播灰种的多少，应先行测试，一般含 3 ~ 5 粒种子为宜。20 世纪 90 年代，引进杂交油菜，种植方式改变，即由点播改为育苗移栽。产量提高，每亩由之前的 50 千克增加到 100 千克。

1950—2018 年部分年份双凤村水田及产量统计表

表 8

| 年份 | 水田面积（亩） | 亩产（千克） | 总产量（千克） |
|---|---|---|---|
| 1950 | 231 | 150 | 34650 |
| 1983 | 217 | 506.9 | 110000 |
| 1990 | 217 | 414.6 | 89970 |
| 2002 | 172 | 430 | 73960 |
| 2010 | 167 | 440 | 73480 |
| 2018 | 160 | 453 | 72480 |

油菜花（2018 年）　　周万全　摄

# 保护开发

双凤村是中国土家族发源地之一，早在唐代，双凤村民就在此繁洐生息。从双凤村貌和建筑上来讲，双凤村体现出一种土家族特有的古村风情。土家族文化特征、土家族习俗、土家族语言在这里较为完整地留存下来。保护和发展的目的在于指导双凤村的保护整治工作，改善村民的生存环境，积极推进特色文化旅游开发和经营。

# ◉ 古村保护

## 保护规划

**总体规划** 2014年，永顺县住建局制定《永顺县双凤村传统村落保护发展规划（2014—2030）》。范围包括村寨核心和山体区域在内，总面积0.54平方千米，其中核心保护区范围0.13平方千米，通过保护达到三个目标：一是保护和传承村落历史文化；二是保护好自然、历史文化资源；三是保护和恢复村落自然人文特色和历史文化环境，促进村落社会经济可持续发展。

**专项规划** 专项规划主要包括村落自然景观环境保护，传统格局和整体风貌保护，各级文物古迹及传统民居宅院等建筑的保护，反映历史岁月的巷道、岩石台阶，与历史文化密切相关的环境要素以及地方非物质文化遗产的传承与利用等。

## 保护措施

**成立管理机构** 文物主管部门为永顺县文化局、永顺县文物管理局。双凤村成立以镇、村有关人员组成的保护管理领导小组，负责日常管理工作。保护范围：东至茶园

传统村落标示牌（2021年） 彭治顺 摄

古村保护标志牌（2021 年）　　彭治顺　摄

堡、官亭堡山脚，西至寨后天平枯里山脚，南至摆手堂外悬崖，北至天平枯里山脚。建设控制地带：东至茶园堡、官厅堡山顶，西至寨后天平枯里山脊，南至摆手堂外悬崖，北至天平枯里山脊。

**建立标志档案**　双凤村竖立保护标志牌一块，立于入口门楼旁，牌身石质，长方形（长 72 厘米，宽 50 厘米）。2002 年由县文化局制作双凤村非物质文化遗产保护档案。记录档案由主卷、副卷、备考卷组成。主卷一卷，主要记载双凤村民族村的地理位置、历史沿革、保存现状及艺术价值和保护管理工作情况；副卷一卷，主要收载有关行政管理工作方面的文件材料；备考卷五卷，收藏与主卷有关的详细资料，包括文献资料、摄影资料及图片资料等。

**自然景观保护**　2011 年 4 月，双凤村古建筑群作为一大自然景观被湖南省人民政府列为湖南省级文物保护单位，该建筑群始建于清代，保护范围以每栋建筑外墙墙基为起点，四向各至 30 米处；建设控制地带四向各至保护范围外 50 米处。灵溪镇政府、双凤村委会配合永顺县城乡建筑和文物保护单位对双凤村古建筑实施保护，制定了文物保护制度，严禁在房屋内燃放鞭炮，严禁在树林中燃烧野火，坚持做到人走火灭。

**古建筑风格保护**　双凤村的古建筑风格为小青瓦、木房子转角楼。房屋的门、窗、板壁的修缮，全部按照风貌好的、具有地方特色的全部保存，并经常维护；风貌尚好的、具有传统色彩的，按照原有风貌加固维修，缺什么补什么；风貌一般但损毁严重的，按照传统风貌的格局要求，重新设计，损坏部分尽量恢复原样；风貌差又损毁严重的，全部拆除重新设计，对不符合古建筑风格的砖混结构房屋全部拆除。2014 年，双凤村拆除砖混结构厨房 3 间，猪圈厕所 5 间，全部改为木质结构。

**古村环境保护** 2016 年 11 月，双凤村实施第一期环境整治工程，投入资金 145 万元，地面铺岩板面积 4970 平方米，游道 202 平方米。2017 年 5 月，实施第二期环境整治工程，投入资金 150 万元，地面铺岩板面积 4710 平方米，游道 513 平方米，全村组道长 2500 米，游道长 700 米，户间道 3300 米，全部青石板硬化，54 栋房屋前坪场 2400 平方米全部青石板硬化，公共场地 1100 平方米，全部青石板硬化；建立 720 立方米公共水池一个。2017 年，投资 135 万元，实施管线入地，全村低压线、移动电信线路全部入地，户户屋内电线规范入管，原有电线电杆全部清除处理。

**古民居保护** 双凤村共有建筑 54 栋，其中清代建筑 4 栋，民国时期建筑 29 栋，中华人民共和国成立后建筑 21 栋。全村总建筑面积 7113 平方米，文物保护建筑面积 6601 平方米，占总面积的 92.8%，与传统风貌不协调的建筑面积 176 平方米，占总建筑面积的 1.9%。2017 年，永顺县政府投资 450 万元，全村 54 栋民居修旧如旧，通过环境整治，村容村貌焕然一新。

**非遗文化保护** 2008 年，村党支部、村委会重视加强非物质文化遗产项目的保护工作。支持传承人带学徒，协助传承人开展项目技艺培训，为举办表演活动创造好的平台和条件，特别是上级政府每年下达的传承人资金补助，及时全额发放到人。至 2018 年，国家级传承人年补助 4.8 万元，省级传承人年补助 2.4 万元，州级传承人年补助 1.2 万元，

木屋修缮（2016 年） 李永生 摄

县级传承人年补助1000元，全部足额到位，用途由传承人掌握。2016年1月22日，湖南省国家级非物质文化遗产代表性传承人抢救性保护记录工作启动仪式在双凤村举行，双凤村展示了土家族摆手舞、毛古斯舞、哭嫁歌、打溜子等非遗项目。

2014年双凤村非遗物质文化遗产项目保护规划一览表

表9

| 文化主题 | 保护措施 | 地点 |
|---|---|---|
| 村落选址文　化 | 以文化石标志和文化石墙形式，系统介绍双凤村名由来及先人选址历史 | 入口接待中心 |
| 民族工艺艺　术 | 现场展示村落极具特色的土家族民间手工织锦，以及表演摆手舞、毛古斯舞等民间节目 | 摆手堂 |
| 民俗节日节　庆 | 每年定期举行“过赶年”“哭嫁”，以及神话人物、英雄人物、历史人物敬奉等传统、节庆活动 | 摆手堂 |
| 生产习俗展　示 | 通过对水磨等传统器具以及纺车、织布机等器具的展示及用途的说明，体现村落传统的生产习俗 | 村委会办公楼 |
| 生活习俗展　示 | 在极富特色的农家院落作坊中，村民统一着土家族服饰，展示具有本地特色的熏制腊肉、打糍粑、酿酒等传统生活习俗及工艺流程 | 北部院落 |

## ◉ 旅游开发

### 旅游景点

**赏古韵**　摆手堂演艺中心是“赏古韵”的场所，日常表演摆手舞、毛古斯舞、山歌对唱、哭嫁歌等演艺节目，让游客感受土家族原始古韵。

**访古村**　该线路贯穿村落南北的步行道路，步行道紧靠村内小溪，结合地形地貌而建，两侧皆为民宅和土家吊脚楼群，飞檐翘角，气势宏伟。部分民宅为清朝、民国时期的木结构建筑，并有部分古树、古井沿路分布，是体验村落风俗民情、欣赏建筑艺术的最佳路线。

**观山景**　该线路沿村落西部山脊布置，西侧为丘陵沟壑，能远眺远处连绵起伏的山峰，若在雨雾天气，站在山顶宛如腾云驾雾；若在晴天，朝东可观看日出，朝西能观看“夕阳无限好”的落日景观。

旅游标识（2021 年） 覃熙 摄

同时，双凤村森林茂密，物种丰富，野果繁多。初夏时节，阳光明媚，万物葱茏，生机盎然，野果飘香，游客可以随手采摘空心泡儿、三月泡儿、奶茶泡儿；秋天是收获的季节，农历八月瓜熟了、猕猴桃也熟了，游客可进山采摘这些美味佳果。

**探秘林** 该线为村落东部一山坳，地势较低，为一片原始森林。林中古树颇多，树木密集，夏天烈日难以穿透。在森林之中的陡崖之下隐藏着一个天然而神秘的岩洞，村民称其为“岩屋”“仙人洞”。洞为半圆形，弧长约 30 米，洞最高处 7 米，深约 3 米，面积约 100 平方米。洞外一帘瀑布如同彩练挂在洞前，徐徐而下的瀑布声，似仙人在歌唱，在祝福。洞的中间供奉着三个稻草人。传说为村落先人居住的地方，祖先从外地迁徙而至，居住在洞内，休养生息，繁衍后代，发“七寨半”，人丁兴旺，人杰地灵。探秘林是毛古斯舞的发源地，颇具神秘气息。游人夏日在林中穿梭，既能降温消暑，又能感受村落原始的神秘气息。

**游古道** 松柏古道为大麻石板路面，两侧古木参天，并有古炮台、古哨卡，让游客感受村落悠久的历史。

### 旅游项目

**食品制作** 游客可在双凤村体验当地特色食品煻糁、粑粑、豆腐等的制作流程。

**婚嫁体验** 土家族青年男女结婚，新郎骑马，新娘坐轿，锣钹齐鸣，非常热闹。游人可以扮成新娘或新郎分享坐轿骑马的习俗。

**游艺项目** 扳手劲是双凤村男性和女性茶余饭后都爱玩的游艺项目。两个人面对面而坐，手肘支在桌子上，手掌对握，一起用劲，看谁先把对方的手扳到桌上。另外还有踩高跷（脚）撞架，两人分别站在高跷上，用手肘或下胯撞击对方，看谁先被撞下高跷，先落地者为输；顶木棒，两人分别用手掌和右胯顶住木头的一端，用力向前方推移，出线（圈）为输；扭扁担，两人分别用一只手握住扁担的一端，用力旋转扁担，比试谁的力量更大，以扁担滑落者为输。以上项目游客都可在双凤村亲自体验。

**祭祀体验** 祭祀的对象非常复杂，有对当地神灵的祭祀，如对土地菩萨、灵官菩萨的祭祀；有对土家族历史上神话人物、传说人物、英雄人物的祭祀，如八部大王、土司王、田好汉、向老官人，这些人物的事迹在人们的长期传讲中，不断丰富，不断被神化，成为人们祭祀的对象。正式的祭祀仪式是：由 8 名男性青壮年用手托举 8 个长约 60 厘米、宽约 40 厘米的木茶盘，里面装着供奉祖先的猪头、腊肉、南瓜、稻穗、苞谷、鲜花等物，4 人一队，排成两列，半蹲姿势，步调一致在锣鼓声中向摆手堂迈进。两位德高望重的长者在摆手堂内接住他们依次递来的东西，放在桌子的两旁。桌子上面是祖先的牌位，用一块漂亮的西兰卡普盖着，桌子后面正中是彭公爵主、左边是田好汉、右边是向老官人的雕像，牌位前插了一对红烛、三炷香、盛满八杯酒。祭品放好后，两位老人开始在牌位前烧纸钱，口中喃喃有词，最后将八杯酒泼洒在地上，祭祀仪式宣告结束。游客由此体验祭祀的庄严与热烈，体验土家人的纯朴与厚道。

**过年体验** 过年是土家族人最重要的节日。双凤村过年的时间与汉族略有不同，遇到月小从二十八开始过年，遇到月大则从二十九开始，叫土家年，也有的称“过赶年”。

古寨篝火（2017 年） 李永生 摄

过年吃的饭菜非常丰盛，有鸡肉、洋鸭子肉、猪头肉、腊肉、干鱼、牛肉，蔬菜主要为酸萝卜、醋白菜、青菜、老南瓜，另外还备有烟、酒、糖，吃饭之前要祭祖，敬菩萨。过年当天，食物全部煮熟炒好盛在端桶中，煮成大锅菜，大家不上桌，围着端桶全家人一起吃大锅菜。游客可以亲口品尝，增加乐趣。

**山歌对唱** 山歌是土家人生活的重要组成部分，山歌有一定的曲牌，没有固定的歌词，均为即兴演唱，一问一答。有用来表达自己情感与当时感触的；有在生产中激励人们劳动，提高劳动热情的；有传达对客人的欢迎，对后代的教育起积极作用的。唱山歌是土家儿女的一大特长。劳作之余唱山歌可以放松心情，消除疲劳，传递信息；青年男女唱山歌可以联络感情，表达爱意。游客来到土家山寨，可以亲身体验与土家儿女对唱山歌的活动。

**篝火晚会** 夜色降临，正是双凤村土家族篝火晚会到来之时。天上挂着圆圆的月亮和明亮的星星，摆手坪中间燃起熊熊篝火，土家儿女身着土家族服饰在锣鼓声中，跳起了摆手舞，“嗬嗬也——也嗬嗬……”歌声高亢，优美动听。游客可参与其中，共跳摆手舞，共度欢乐夜晚。

### 旅游服务

**接待中心** 旅游接待中心位于村寨南部，生态停车场入口处，占地面积 99.16 平方米，建筑二层面积 200 平方米。一层设置对外出入口、多功能厅、餐饮、电子资讯、沙盘陈列、票务中心、换乘大厅、后勤办公等功能；二层设置办公、会议、展览厅等功能。建筑为木质结构，仿古模式，飞檐翘角，抗震设防烈度为 6 度，四级耐火等级，1C 级层面防水，使用年限 25 年。

**停车场** 双凤村生态停车场位于村寨南部，村寨门下方，占地面积 2205 平方米，绿化面积占 60%，有隔离防护绿带，在间隔带种植大庇荫乔木，4.5 米双车道，沥青路面，停车位地面采用 80 毫米厚预制块，停车位 46 个，其中大车位 2 个，小车位 44 个，是一个具备高绿化、高承载、环保、低碳功能、透水性强的生态旅游停车场。

**双凤第一家** 位于村寨北部，紧邻“松柏古道”“古炮台”和楠竹林景点，仿古原木建筑，占地面积 450 平方米，建筑面积 180 平方米。“第一家”主营餐饮，兼营小卖部，可同时接待 48 人用餐，从业人员 4 人。

**双凤农家乐** 位于村寨中部，原木吊脚楼建筑，占地面积 420 平方米，建筑面积 160 平方米，紧邻“古穴秘洞”和“摆手堂”景点，便于游客体验各种民俗表演活动。

停车场（2021 年）　彭治顺　摄

旅游接待中心（2021 年）　彭治顺　摄

该农家乐主营餐饮，兼营小卖部，可同时接待 40 人用餐，从业人员 4 人。

**双凤客栈**　位于村寨北部，为村内一家民宿客栈。客栈依山而建，木质建筑，占地面积 300 多平方米，建筑面积 150 平方米，车辆可直达客栈。2017 年，按照《大湘西文化生态旅游精品线路特色民宿标准》经过民居整修，现有 6 间客房、12 个床位，每个客房装有空调，并配卫生间。餐厅可同时满足 24 人用餐需求，从业人员 4 人。

**土家韵居**　位于土家第一村寨门右侧枫香湾（黄狗恋窝），占地面积 610 平方米，设置有土家族特色的土家韵居楠竹电击雕花朝门、摆手坪及乐器、餐居、茶居、梅花灶等设施，古朴雅致，宽敞明亮，可同时容纳 100 人用餐品茶；有客房 5 间，可宿客 10 人。土家韵居的茶具全为双凤楠竹雕制，品茶时茶味竹味浓郁。游客在品茶之余，还能同双凤村土家姑娘、大叔大婶们共跳一曲摆手舞，体验土家族洪荒狩猎、刀耕火种粗犷的原始生活。土家韵居为股份制合作经营，参股 23 户，从业人员 12 人。

**旅游管理**　2018 年，双凤村旅游管理协会成立，有工作人员 7 人。其中会长 1 人，副会长 1 人，其他工作人员 5 人。从业人员由旅游等职能部门定期培训考核，坚持持证上岗。2013 年，村委会加强全村包括景区的环境卫生管理和安全保卫工作。聘请保洁员 3 人，工资由县财政支付，每人每年 7200 元。安保工作由村内 2 名护林员兼职负责。2018 年，保洁员和安保人员工资均由县财政直接打到个人账户。村内环境卫生一直保持良好，实现景区安全无事故。

双凤村村民服务中心（2021）　　彭治顺　摄

土家韵居朝门（2021 年）　　彭治顺　摄

双凤农家乐（2020 年）　　杨宇雄　摄

古道（2021年）
彭治顺　摄

# 名人与名村

双凤村是土家族发源地之一。1956 年 5 月，民族学、社会学、语言学家潘光旦登上双凤栖，调查土家族族源情况，认定土家人是古代巴人的后裔。2003 年 7 月，学者马翀炜、陆群到双凤村开展田野调查，写出《土家族——湖南省永顺县双凤村调查》一书，用大量翔实的一手资料，论证了双凤村土家族的独特之处。之后，国内文艺界、体育界名人，以及联合国工作人员、外国友人、外籍农业专家也先后走进双凤村，感受和体验双凤土家山寨的民族风情和自然风光，并将双凤村推向世界。

## ◉ 村籍人物

**彭光涛**（1487—1579） 双凤村人。彭景民之子，从小攻读，功名有成，曾在长沙做过文官，后引退仕途，在乡境作土老司，并兼任掌堂师。他是双凤摆手堂中颇有影响力的掌堂师。

**彭金声**（1917—1995） 土家族，双凤村人。1934年11月参加中国工农红军。1935年3月加入中国共产主义青年团，同年加入中国共产党，并参加长征。在部队他历任红六军团十八师五十四团三营通讯员；红六军团十八师三营九连文书；中央教导师一团一连文书；七七四团三分区电台报务员；新八旅电台分台台长；冀南第六军分区电台报务主任；冀南第九分区电台队长；十四纵队一五旅司令部通讯科科长；华北军区直属师二〇八师通讯科科长；空军第六航校通讯科科长，空军十四师通讯科科长；海军东海舰队航空兵司令部通讯处处长，大校军衔。他先后参加了抗日战争、解放战争、抗美援朝等战争。1955年荣获三级八一奖章、三级解放奖章及其他奖章。1958年转业到中国农业科学院，先后任中国农业科学院农业机械化研究所办公室主任，中国农科院油料作物研究所办公室主任，中国农科院农田灌溉研究所革命委员会副主任、党支部副书记。1983年离休。1995年4月21日，在武汉病逝，享年78岁。

**彭英威**（1933—2010） 土家族，双凤村人。1953年秋，他参加县文化馆组织的挖掘整理摆手舞活动。1954年，他到永顺县和湘西区表演摆手舞，首次将土家族的艺术瑰宝从乡野搬上舞台，并获一等奖。他学习治疗蛇伤，逐渐成为当地有名的草医，曾先后医治蛇伤者150余人次。1956年，撤区并乡后，他曾任分队长。互助组转初级社后，他又担任副社长兼保管员。他是双凤村土家族传统仪式的主持人和组织者之一，

主要组织表演摆手舞、毛古斯舞、祭祀祖先等。2010年，因病去世，享年77岁。

**彭家齐**（1935—2016） 土家族，双凤村人。1951年，参加儿童团。1952年，他当上民兵，不久当上民兵队长。1953年，他参加挖掘整理濒临失传的土家摆手舞。1955年12月转初级社时，他当选为社主任。1956年，加入中国共产党。次年，湘西土家族苗族自治州成立，他被推选为土家族代表之一。1959年年初，他任大坝公社先锋大队党委副书记。同年7月，调任公社综合厂厂长。1962年，综合厂解散，回到双凤大队任党支部书记。

2003年7月，云南大学副教授马翀炜等到双凤村开展土家族田野调查，他是土家语言调查中的主要发音合作人。他善于唱土家山歌。2016年3月，因病去世，享年81岁。

## ◉ 名人与双凤

**潘光旦到双凤开展土家族认定考察** 1956年，中国民族学家、社会学家、语言学家潘光旦来到永顺县，无意中在一个讲故事的老人那里听到了一个关于土家先人的传说。传说当年秦始皇一统六国，却因为凶暴残忍激起民怨，结果有两个异姓兄弟，一个姓彭，一个姓田，决定出山刺杀秦始皇。行动中两人不慎暴露了行迹，混乱中他们顺手救出了一名宫女。随后为了逃避秦兵追杀，三人跑了七七四十九天，躲进了深山中的一个山洞，从此靠打猎为生，休养生息下来。传说中的这个山洞，就在永顺县的双凤村。每当逢年过节，周围的土家人都会前来祭拜。听到这个传说，潘光旦执意前往，由于路途艰险，双凤村村民彭家齐（当年22岁）与同村7个小伙用太师椅临时做的轿子将潘光旦抬进了双凤村，实地考察双凤村的民风习俗、土家遗存、土家语、摆手舞、毛古斯舞等。潘光旦在双凤村的考察期间，收集了大量的珍贵资料，随后著有《湘西北的“土家”与古代巴人》一书。他在日后的文章中，曾多次提到双凤村的这次考察，并将这个村子称之为“土家第一村”。随后，潘光旦公布了他的发现。他认为，土家人是古代巴人的后裔。

**马翀炜、陆群田野调查双凤村** 2003 年 7 月初，双凤村被中国科学院和云南大学确定为土家族调查点，7 月 22 日，云南大学马翀炜、吉首大学陆群等带领调查组一行 7 人到双凤村，开展为期一个月的田野调查。调查采取访谈、问卷、座谈等方式，以及观察、拍照、录音等办法，查出了一定数量的文献资料，并通过广泛座谈了解，比较全面地掌握了双凤村土家族历史源流、风土人情一手资料。2004 年 7 月编辑出版《土家族——湖南永顺县双凤村调查》一书，共 35.4 万字，由云南大学出版社出版。

**张子伟著书双凤毛古斯** 湘西土家族苗族自治州第九、第十、第十一届人大常委会委员，国家一级编剧张子伟，以双凤村毛古斯为主要蓝本，编写出版了《湘西土家族毛古斯》一书，由湖南师范大学出版社于 2012 年出版。

《土家族——湖南永顺双凤村调查》 张永红 摄

《湘西土家族毛古斯》(2018 年) 张永红 摄

双凤晨曦（2020 年）　杨宇雄　摄

# 大事纪略

双凤村千百年来遗存的土家语言、土家习俗、土家歌舞、土家服饰、土家建筑等珍贵资料，为中央统战部确定土家族为单一民族提供重要实证，本类目主要选自中华人民共和国成立后村内发生的重要事件。

## ◉ 1954 年始双凤村摆手舞、毛古斯舞走上文艺舞台

双凤村是摆手舞、毛古斯舞的发祥地。1954 年，双凤村组织十几名演出队员，参加了永顺县少数民族民间文艺会演。是年冬，县文化馆从双凤村选出田仁信、彭英威、彭若兰、彭金玉 4 人，由县文化馆艺术专干唐天霞领队组建县代表队，参加湘西苗族自治区举办的文艺会演，引起轰动，节目获得一等奖锦旗一面，至此摆手舞、毛古斯舞从摆手堂走上了文艺舞台。

1957 年春，田仁信、彭若兰等被湖南省选送参加北京举行的文艺会演，在北京工人俱乐部为中央领导表演土家族艺术——摆手舞，他们在怀仁堂受到党和国家领导人接见。

2008 年 2 月 21 日，“三乡八寨”千余名土家儿女齐聚双凤村摆手堂，举行“迎奥运闹元宵千人大摆手”活动。

2008 年 8 月 8 日，永顺县土家族《毛古斯・欢庆》被列入北京奥运会开幕式前文艺表演节目，双凤村省级毛古斯舞传承人彭英宣等 100 多名土家儿女在国家体育场现场表演毛古斯舞。

## ◉ 1957 年中央统战部发出确认土家族民族成分加急电报

双凤村保存着最为完整的土家族古文化特征。1956 年 5 月，全国政协成立民族组，民族学、社会学、语言学家潘光旦任副组长，率民族调查团对湘西北进行调查。

5 月 12 日，潘光旦进入双凤村实地考察，在双凤村摆手堂第一次观看了摆手舞，对这种舞蹈产生了极大的兴趣。第二天，他叫田仁信等几位不同年龄层次的村民跳给他看，并问他们每个动作的含义。潘光旦在双凤村等地实地考察近 30 天后，搜集整理出大量的能佐证土家族为单一民族特质的资料。

1957 年 1 月 3 日，中共中央统战部代表中共中央发出文件，正式确认土家族为单一的少数民族，并用“加急”电报通知了中共湖南省委和中共湖北、四川、贵州省委统战部。双凤村千百年来遗存的土家语言、土家习俗、土家歌舞、土家服饰、土家建筑等珍贵史料，为确定土家族为单一民族提供重要实证。

## ◉ 1994 年双凤村伐三棵榉木通路通电

双凤村坐落在大山深处，出入村寨只有三条羊肠山路，村民出行非常不便，肩挑背驮，十分辛苦。

1994 年 3 月，经村支两委及村民代表大会讨论决定，将村内集体的三棵大榉木砍伐卖给湘西州外贸公司，获得价款 12.7 万元，款项全部用于架高压线路和修通村公路。高压线路起源于原灵溪镇东鲁村，全长 3.4 千米；通村公路起源于原大坝乡沐浴村反坡组，全长 5.3 千米（其中整修 3.8 千米）。是年，村内通路、通电完成，村民购买电视机 14 台。从此，双凤村结束了无电、无通村公路、无电视的历史。

## ◉ 2000 年双凤村获评“湖南省 Ⅱ 级乡村旅游区”

2000 年，双凤村被评为湖南省 Ⅱ 级乡村旅游区。是年，双凤村“中国土家第一村”寨门落成，通村公路全部硬化并加设护栏。

双凤村旅游功能布局为“一带三区七大板块”。即环境整治带，入口服务区、非遗体验区、民宿度假区，“迎来客、作农事、赏展演、尝美食、访古迹、学技艺、憩婚房”七大板块，共同打造“土家第一村”非遗文化体验游。旅游服务有接待中心、停车场、农家乐、民俗客栈。村内景点内容丰富，接待设施完善。

## ◉ 2003 年双凤村挂牌“中国少数民族村寨·土家族调查点”

2003 年 7 月 22 日至 8 月 20 日，云南大学副教授马翀炜与协作方吉首大学副教授陆群一行 7 人，深入双凤村开展土家族调查。此次调查，主要采取访谈、问卷、座谈、参与观察、拍照、录音等多种方法，收集了大量的土家族史实资料。

2003 年 8 月 13 日，“中国少数民族村寨·土家族调查点”挂牌仪式在双凤村摆手堂举行。

2004 年 7 月，马翀炜、陆群主编中国民族村寨调查丛书《土家族——湖南永顺县双凤村调查》一书，由云南大学出版社出版发行。

## ◉ 2012 年双凤村入选首批“中国传统村落名录”

2012 年，双凤村被住房和城乡建设部等 7 部委列入“首批中国传统村落名录”。“双凤村古建筑群”为省级文物保护单位。该村土家族吊脚楼依山沿溪而建，小青瓦盖顶，推窗亮格，雕梁画栋，司檐悬空，木栏扶手，走马转角，实现人与自然的和谐统一。摆手堂土家族传统风格浓郁，迎客寨门气势磅礴，土家遗存有花桥飞檐、朝门翘角、洞穴古秘、九龙神庙、梅山神庙、官厅、土地堂、松柏古道等。

## ◉ 2014 年双凤村挂牌首批“中国少数民族特色村寨”

2014 年 9 月 23 日，双凤村被国家民族事务委员会命名为首批“中国少数民族特色村寨”并挂牌。双凤村在中国少数民族特色村寨创建时期，重点保护非遗文化，先后有摆手舞、毛古斯舞、打溜子、哭嫁歌入选国家级非遗文化名录，有国家级摆手舞传承人田仁信、哭嫁歌传承人严水花。

## ◉ 2018 年双凤村获评“中国历史文化名村”

双凤村土家原生态文化特点突出。寨中建有土家族摆手堂，逢年过节，“三乡八寨”村民都来摆手堂跳舞欢庆。村内国家级非物质文化遗产有土家族“毛古斯舞”“摆手舞”“打溜子”“哭嫁歌”，代代相传，连绵不断。双凤村不仅是土家族民族研究基地，也是民族文化资源的重要宝库，是中国保存最完整的土家族民俗文化村落之一，也是 2015 年中国土司遗址申报世界文化遗产的展示场所。

2018 年 12 月 17 日，双凤村入选“中国历史文化名村。”

双凤村旅游导览图（2018 年）　　　　蒲忠胜　摄

# 附录

## ◉ 地名拾趣

双凤村地处山顶台地，说是山顶，是因为村寨坐落在高山顶上，进入双凤均要爬坡。说是台地，是因为步入山顶即为平地，平地之处即为人家。台地上居住着土家族的原始族种，近有古民居、吊脚楼，远有荒圮的老庙遗址和其他建筑遗存等。

**天路**　距双凤寨子不远，经过土地堂就是天路了。这里有很多山堡，山路弯曲狭窄，再往前走便是一座很高的大山，四边岩壁陡峭，只有一条路可通向山顶，是一条上天的路，故叫天路。

**铃铃堡**　双凤村部楼对面有个山堡，长得很像学校上课打的手摇铃，顶尖下阔成圆形，不知哪个年代取的名字，现在都叫它铃铃堡。

**反坡卡壳**　反坡是汉语地名，卡壳是土家语，汉语意为禁山。清代初年，双凤有一个兄弟迁移到一个叫反坡的地方居住，距双凤大约两里路程，那里有一片原始森林，由住在反坡的人管理和使用，故叫反坡卡壳。

**额不兆（猴子坡）**　在双凤寨子西边，山高林密，海拔约 600 米，是通往大井、盐井等村寨的必经之路，陡峭难行，人走要格外小心，险要之处要像猴子攀爬一样才能通过。外地人初来乍到，不仅上坡吃力，而且面对悬崖，要吓出一身冷汗，故叫额不兆。

**天坪枯里**　双凤人的土家语把土坪叫作枯里，天坪枯里即为山顶上的一个坪场，枯里面积约 900 平方米。由于地势平坦向阳，过去双凤人经常在此晒阴米籽，晒塘䅟坯子等。

九龙山远景（2018 年）　　蒲忠胜　摄

**官亭枯里**　官亭是双凤村举行求雨、婚丧嫁娶仪式的地方，官亭枯里就是官亭前面的坪场，坪场面积有600平方米。

**黄狗恋窝**　双凤村有一处地名叫“黄狗恋窝”，它三面环山，中间有一个小窝坪，形似黄狗居住歇息的地方。窝坪周围住有21户人家，双凤的先祖便将第一个土家摆手堂建于此地。由于这里有土家摆手堂，双凤的祖祖辈辈珍惜树木，敬畏树神，从不动一棵古树。这里原有枫香古树近百棵，故此地还有一个别名叫枫香湾。

**五马破朝**　传说“七寨半”的新寨四面环山，是个能使人财两旺的宝地。但有五个朝要破开，于是来了五匹神马破开了新寨的四个朝，但有一个朝始终未能破开，故而新寨这个宝地成为凶地，鼠疫也在寨中流行，人丁也不兴旺。为此，住在此地的人认为，这个地方风水不好必须搬迁。原住新寨的人一户户便迁至双凤山下的两岔河定居。如今新寨已无人居住。

**双凤八结**　“八结”土家语是下面的意思，双凤“八结”意为双凤村下面的坡地。这里曾经是一台台的梯土，是种植苞谷、高粱、黄豆的地方。2002年退耕还林，此处栽植许多杉木、桤木等树种，放眼望去，林海茫茫。

**十字山路**　十字山路距双凤寨中约2000米。从前，一位好心之人，在十字路口立有一块指路碑，碑上刻有四行字，即上走双凤、下走县城、左走大井、右走坡脚，十

小窝坪黄狗恋窝（2021年）　彭治顺　摄

字路口也由此得名。上走双凤的路是松柏古道，古道上排列着 80 多棵高大的长青古柏。十字路周围的山坡上生长着许多野生猕猴桃、八月瓜。十字路边四季都盛开着鲜艳的山花，尤以映山红花多耀眼。

**九龙山** 九龙山层峦叠翠，连绵耸立九条山脊，恰似九龙聚首，故名九龙山。有珍稀植物 300 多种，野生动物 40 多种。山上植被繁茂，林海茫茫，山泉喷涌，森林覆盖率在 98% 以上，是名副其实的天然氧吧和绿色宝库。山中曾建有九龙神庙，庙宇气势磅礴，三进宫殿，供奉有土地菩萨、灵光菩萨、主事菩萨、观音菩萨、佛爷菩萨，在当时香火很旺。神庙在“文化大革命”中被毁。

**马头山** 马头山的树木长得郁郁葱葱，层层叠叠的枝叶把五个马头封得严严实实。马头山上有一片又一片的松树林，每当农历四月初八之后，松树林地便开始生长枞菌，村民也就纷纷来到松林中采摘，每年都是满载而归。攀上马头山山顶，四周的风光尽收眼底。矗立的马头尽显人们面前，似在长啸嘶鸣，昂首蓝天。

## ◉ 媒体报道

### 走进“神秘湘西 · 美丽家园”
### ——双凤村的“毛古斯”[①]

欧阳文章 田晓兰 向水生

7 月 4 日，永顺县双凤村，这个被誉为“中国土家第一村”的风水宝地，据说在唐代就建村。

一进村，村里刚修建不久的土王祠前，一块阔大的空地上，“咿嗬咿嗬”的声音震动山谷，一群身着稻草的土家人正模仿先人狩猎的场景，表演一种叫“毛古斯”的舞蹈。

“毛古斯”，土家语称为“古斯拨铺”，大意即“浑身长毛的打猎人”。

眼前，这些“浑身长毛的打猎人”，他们身上扎满枯黄的稻草，每股五块，腹前捆有一条一尺余长并用红布包头的草把。结草为衣，表示先民不会织布做衣，腹前所捆的草把则代表人类生存繁衍的工具。

坪场上，稻草飞摆，游客聚集，“猎人”们的喊声越来越大，动作越来越狂野，他们

① 原载《团结报》2014 年 7 月 8 日。

挥舞手中的木棍，抬起，抽打——每一个最为简单的动作都来自遥远的祖先，都被赋予特别的寓意。“咿嗬”“咿嗬”——每一声最简单的劳动号子都源自生命本能对生存的呐喊。

可以想象，千百年前，这里的土著先民，他们上山打猎，他们下河摸鱼。傍晚黄昏的时候，他们满载而归，他们点燃篝火，围坐一团，一会，鼓声开始响起，棍棒开始挥舞，身上的稻草开始飘摆。所有的艰辛、喜悦，以及对神灵的酬谢都一一获得传达……

任何一个民族都不能离开艺术，因为，人类除了要生存，还需要快乐。任何艺术都源自维系民族生存的劳作和繁衍。所以，毛古斯舞蹈最为核心的主题就是劳作和生殖崇拜。

其实，我们每个人都有自己的“毛古斯”，因为，我们每个人都有自己的民族，都有自己的祖先，我们的祖先都需要生存、繁衍，都需要表达、快乐！

然而，历史滚滚向前，我们在前进的路上，常常忘记了祖先的歌舞。

突然，在双凤村这样一个古老的村落，我们和毛古斯相遇了，和自己的祖先相遇了，我们穿越重重历史的雾霾，终于找到了最原始的自己。

我们如何不因之共鸣，为之震撼？

“嗬哈，嗬哈……”

“猎人”们终于捕获了自己的猎物，他们抬起“猎物”迈着欢呼的步子，正雀跃而归。

这时，一位刚刚学会走路的小女孩，模仿“猎人”们的动作、神情，也跳起了她的毛古斯，小女孩步履蹒跚，憨态可掬，她模仿的动作和“猎人”们的动作有着一种惟妙惟肖的神似。

或许，祖先的舞蹈一直种在我们的骨髓里……

## ◉ 双凤村村规民约

为了树立“土家第一村”的良好民风、村风，创造宜居宜业宜游的美丽乡村，特制定本村村规民约。

1. 要顾全大局，不准违反规定，擅自乱搭乱建，破坏整个村寨的形象和特色。

2. 要自觉爱护环境卫生，不准乱扔乱倒生活垃圾，创造良好的卫生环境，确保村民身心健康。

3. 要自觉保护森林，注意林地防火，严禁乱砍滥伐。

4. 要遵守公共道德，热情待人待客，对旅游人员童叟无欺，展示土家人的好客形象。

5. 加强防盗防伤害意识，逢年过节，婚丧喜庆，不准在民居内大屋内燃放烟花鞭炮，强化村民消防意识。

6. 团结互助，凝聚民心，不准以大欺小，不准以强凌弱，恶语相向，要和谐共处，安居乐业，共创美丽新双凤。

## ◉ 双凤村财务管理制度

1. 实行民主理财，财务公开。

2. 扶贫项目资金与村级财务分开，实行专账管理。

3. 扶贫项目资金的管理使用，重大事项开支需经村级领导班子集体研究，整个开支由第一书记审批签字，工程验收后，财务实行公开，并接受审计。

4. 村级财务开支，由村支部书记审批，重大事项由村委会集体研究，每季公布一次。

5. 不许公款私存，不许贪污挪用。

# ◉ 主要参考文献

马翀炜、陆群主编:《中国民族村寨调查丛书：土家族——湖南永顺县双凤村调查》，云南大学出版社，2004 年。

彭秀枲搜集整理:《溪州文化系列丛书之一：梯玛神歌》，人民日报出版社，2006 年。

彭秀枲等搜集整理:《溪州文化系列丛书之一：土家歌谣》，人民日报出版社，2006 年。

全华山编著:《武陵山人文风景丛书：人杰地灵醉永顺》，银夏出版社，2011 年。

张子伟著:《湘西非物质文化遗产丛书：湘西土家族毛古斯》，湖南师范大学出版社，2015 年。

孟祥福著:《永顺县民族文化系列丛书：土家语言纪实暨歌谣》，岳麓书社，2015 年。

罗士松著:《永顺县民族文化系列丛书：永顺县土家族丧葬习俗》，岳麓书社，2015 年。

彭剑秋著:《永顺县民族文化系列丛书：中国土家族婚俗考》，岳麓书社，2015 年。

卢瑞生、彭善友著:《永顺县民族文化系列丛书：永顺县非物质文化遗产集萃》，岳麓书社，2015 年。

罗士松主编:《永顺县民族文化系列丛书：田心桃和土家族》，岳麓书社，2015 年。

永顺县民族志编纂委员会编:《永顺县民族志》，中央民族大学出版社，2016 年。

永顺县县志编纂委员会编:《永顺县志》，方志出版社，2017 年。

# ◉ 编后记

2017 年 10 月 30 日，湘西土家族苗族自治州人民政府办公室关于印发《湘西自治州〈中国名镇名村〉文化工程实施方案》的通知，将《双凤村志》的编纂列入该工程 20 部志书之一。

2018 年 2 月 1 日，全州第六次地方志工作暨湘西州“中国名镇、名村志文化工程”启动会议在湘西州人民政府一会议室举行。会后，永顺县启动编纂《中国名村志丛书 · 双凤村志》（以下简称村志）工作，成立县委常委、常务副县长彭涛为主任的编纂委员会，明确县委党史研究室和灵溪镇人民政府承担编纂工作；成立由县委党史研究室主任蒲忠胜、覃熙为主编，周万全为副主编，张永红、彭治顺、田义蛟为编辑的编辑部，具体负责撰写工作。

2018 年 3 月 14 日，编辑部成员深入双凤村开展调查，召开篇目座谈会，灵溪镇政府干部彭振文、双凤村退休老师田义蛟、双凤村村主任彭振文等 8 人参会，并就村志的撰写要求，进行了工作安排，同时，为编写好篇目征求了大家的意见。4 月 18 日，湘西州委党史研究室副主任李雄野、原副主任科员黄文军，省方志专家库专家黎楚云深入双凤村实地考察该村的文化遗存，一致认为将双凤村列为全州文化工程当之无愧。5 月 2 日，双凤村民委员会正式填报《中国名村志文化工程申报表》。国家、省、州、县地方志工作机构先后作了相应的批复。5 月 4 日，双凤村召开村志编纂座谈会，该村在外工作人员、村民代表共 48 人与会，会议听取了编者关于篇目草稿编纂情况的汇报，与会者先后对篇目草稿进行了讨论发言，提出了许多宝贵的修改意见，原中南民族学院院长彭英明作了重点发言。

村志篇目先后进行 9 次修改，召开各类座谈会 3 次，提出各种修改意见和建议 153 条。2018 年 9 月，湖南省地方志编纂院市县志工作指导处对村志篇目进行审定，提出翔实的修改意见。村志编辑部于 2018 年 12 月 15 日完成了初稿。初稿经原中南民族学院院长彭英明、“七寨半”相关在职及退休人员、县政府助理调研员彭元生、村党支部书记田义龙等人的修改，形成第二稿，共计 35 万字。

2019 年 1 月 9 日，湘西州地方志办公室主任谢绍猛一行到永顺县，在县委党史研究室召开中国名镇、名村志编纂工作推进会。3 月 11 日，编纂人员参加湘西州中国名镇、名村志编纂业务培训班。4 月中旬，对村志篇目及内容再次进行修改，形成送审稿初稿。7 月 26 日，根据中国名村志编纂委员会办公室提出的修改意见，再次对篇目进行调整修改。8 月下旬，完成村志送审稿。10 月 23 日，省地方志编纂院市县志工作指导处再次提出修改意见，编辑部于 11 月上旬，完成送审稿第二稿。

2020 年 9 月，中国名村志编纂委员会办公室、省地方志编纂院市县志工作指导处、州委党史研究室的领导和专家，再次对村志提出修改意见，编辑部对村志的文字和图片进行精心打磨、调整修改，于 9 月 13 日完成送审稿第三稿。9 月 21 日，中国名村志编纂委员会办公室专家再次对村志进行终审，编辑部于 2021 年 3 月中旬完成送审稿第四稿。

《中国名村志丛书・双凤村志》图文并茂，记录了双凤村村民的真实生活，记录了双凤村土家族人民“吃得苦、下得蛮”的民族精神，记录了双凤村摆手舞、毛古斯舞、哭嫁歌、打溜子非遗文化传承久远的历史。

《中国名村志丛书・双凤村志》的编纂是一项艰苦的系统工程，从资料收集到照片拍摄，得到了上级地方志部门领导、专家的精心指导；得到了永顺县委、县政府、县委党史研究室、县直相关单位、灵溪镇政府、双凤村党支部和村委会及广大村民的大力支持。县委党史研究室原主任蒲忠胜多次深入双凤村拍摄照片，县委党史研究室主任覃熙多次指导编纂工作，副主任张永红根据州地方志办的修改意见多次修改志稿；退休教师田义蛟、村民彭家海为该志提供相关史料；村党支部书记田义龙多次帮助调查搜集资料，拍摄照片；灵溪镇政府干部彭振文，村委会主任彭振文、妇联主席严水花主动协调搜集图片资料；毛古斯舞省级传承人彭英宣生前提供大量的“毛古斯”图片资料，县文化馆副馆长罗涛与双凤村毛古斯舞州级传承人田岩华共同校正摆手舞鼓点节拍文字，村民彭俊生利用春节回家撰写资料和拍摄图片；县住建局、林业局、文广新局、文物局、民宗局、文化馆、非遗办、县委宣传部外事办等单位给予大力支持，提供了大量翔实的文字和图片资料，在此一并表示感谢。村志中除署名的摄影作品外，均由中共永顺县委党史研究室提供。

由于编纂人员水平有限，书中难免存在问题和不足，敬请广大读者批评指正。

编　者

2021 年 10 月

## 中国名村志丛书

《中洪村志》
《仁里村志》
《青林寺村志》
《魁胆村志》
《黄里村志》
《李家疃村志》
《扬美村志》
《马头溪村志》
《大京村志》
《凌庄子村志》
《古现东村志》
《上岳村志》
《双街村志》
《开弦弓村志》
《乔李村志》
《庙宫村志》
《梁堡村志》
《陶家夼社区志》
《八岔村志》
《高碑店村志》
《陈砦村志》
《东岭村志》
《獐岛村志》
《防川村志》
《王兰庄村志》
《兰英村志》
《麻扎村志》
《堆谷山村志》
《韦小庄村志》
《城畈村（社区）志》
《石塘村志》
《隆里所村志》
《黄瓜山村志》
《三山村志》
《杨湾村志》
《陆巷村志》
《荷花村志》
《新生村志》
《石牌村志》
《尧治河村志》
《党家村志》
《东龙村志》
《官渡社区志》
《九保村志》

《焦庄户村志》
《肇兴村志》
《江东村志》
《宝坪村志》
《沙滩村志》
《鹏城社区志》
《塘尾村志》
《牡丹村志》
《北山社区志》
《万家村志》
《樵岭前村志》
《新城村志》
《井塘村志》

《花园河村志》
《白雾村志》
《花茂村志》
《水峪村志》
《南社村志》
《北崮山村志》
《德夯村志》
《长城村志》
《莲麻坑村志》
《电站村志》
《外三道沟村志》
《双凤村志》